Spinozana
Spinoza Kyôkai Review
スピノザーナ

スピノザ協会年報

スピノザーナ　*17*　*Spinozana*

〈招待論文〉

私はいかにして『ルイ・アルチュセール ──行方不明者の哲学』を書いたか

市 田　良 彦

──アレックスの思い出に[1]

1）　アルチュセール「スピノザ・ノート」の発見

　このような機会を設けてくださり深く感謝申し上げます。私にとって、スピノザを研究対象にしておられる方々、スピノザに格別の関心を寄せてこられた方々は、拙著の主題が現代の哲学者ルイ・アルチュセールであるにもかかわらず、その反応を心の底から願った読者層をなす方々でありました。

　と申しますのも、拙著の中心にはアルチュセールが残した膨大なスピノザ・ノートがあります。さらに申せば、アルチュセールに捧げたモノグラフ、『アルチュセール──ある連結の哲学』(2010) を著したとき、私は実のところまだそのノート群を読んでおりませんでした[2]。そのあたりの事情から今日はお話しさせていただこうと思います。

　アルチュセールが現代のスピノザ・ルネサンスの一つの淵源となったことはもはや指摘するまでもないでしょう。ピエール・マシュレーやジル・ドゥルーズのスピノザ論がアルチュセールたちの『資本論を読む』がなければありえなかったこと、アントニオ・ネグリの反アルチュセール的な──というより一切の構造主義的なものから距離を取ろうとする──スピノザ論『野生のアノマリー』もまたそうであることは言うまでもありません。そうしたいわば多分に政治的な性格をもったスピノザ論とは距離を置くマルシアル・ゲルーの大著『スピノザ』もまた、『資本論を読む』のあとに登場しています。ゲルーの弟子として『スピノザにおける個体と共同体』を書いたアレクサンドル・マトゥロン

は、いわゆるアルチュセール派には属さなかったものの、政治的にも学問的に
もアルチュセールのそれなりに近くにいた人でした。アルチュセールの死後出
版講義録『政治と歴史』には、講義に出席したマトゥロンが取ったノートも収
められています。アルチュセールが自身とマルクスにおける構造概念や因果性
理解をスピノザのそれに近寄せた、あるいは両者の類縁性を示唆したことから、
フランスにおいて政治的賭金をもったスピノザ読解の歴史がはじまった、とひ
とまず言ってよいはずです。³⁾

　IMEC（Institut Mémoires de l'édition contemporaine）という出版史にかんする
研究機関兼資料館に通ってアルチュセールの遺稿を読みはじめたとき──1990
年代の前半です──、私は彼がスピノザについてなにを書き遺しているかに大
きな関心を寄せていました。というのも、『資本論を読む』およびその後の
『自己批判の基礎』や「アミアンの提説」におけるスピノザの援用は、言って
みれば結論だけを述べているようなしろもので、読解の内実をともなっている
とはとうてい思えなかったからです。ヘーゲルに替えてスピノザを「マルクス
の哲学」とすることにより、マルクス主義は刷新されるだろう──以上、終わ
り。そんな感じです。スピノザ−マルクスの「構造的因果性」はヘーゲル弁証
法とはまったく違う「構造」をもっているのだという断定はあっても、それ以
上のなにを肝心のスピノザについて言っているのか、私には謎でした。あんな
大見得を切ったからにはスピノザ論ならずとも、アルチュセールに特有のスピ
ノザ把握の内実とその形成過程をうかがわせる未刊行テキストが保管文書に眠
っているに違いない、私はそう思ってIMECの閲覧室に通いつめていました。
そうした期待はけっして私だけのものではなく、遺稿の整理と遺稿集の編纂に
あたっていたフランソワ・マトゥロンにも、またアルチュセールの伝記作者で
あるヤン・ムーリエ・ブータンにも共有されていました。ところが私たちの調
査がある程度進むと分かりました。そんなものはない。行ったはずのスピノザ
講義の資料さえ保管文書のなかに見当たらないのです。いったいどういうこと
なんだろう。この事実をどう考えればよいのだろう。私たち──「たち」とあ
えて言いますが──には次第に一つの確信が芽生えました。アルチュセールに
は哲学史の教養として一定のスピノザ理解と⁴⁾、そのスピノザがthéorico-poli-
tiqueに、あるいはpolitico-théoriqueにマルクス主義の刷新に役立つという直

観はあったかもしれないが、それだけだ。彼はスピノザについて煎じ詰めれば
一種のはったり(傍点)をかましたのであって、マルクス主義ならぬアルチュセール像
の刷新には、ほかをあたるしかあるまい。私とフランソワ・マトゥロンにはや
がてその「ほか」がマキャヴェッリになっていきます。実際、保管文書からは
アルチュセールにとってマキャヴェッリがもった特異な意味を示すテキストが
多々発見されました。[5]ちなみにフランソワ・マトゥロンはアレクサンドル・マ
トゥロンの息子です。私とフランソワはこのスピノザ研究の大家から、アルチ
ュセールにほんとうのスピノザ論なんてあるのか？　と言われ続けました。ほ
どなく見つかった「偶然性唯物論」のテキスト群で、アルチュセールはスピノ
ザの「実体」を「空虚」だと述べている[6]のですが、アレックスはそれについて
など文字通り鼻で嗤っていました。とある夕食後の会話——私は彼の家によく
寝泊りさせてもらっていました——における、彼の皮肉な笑顔を鮮明に覚えて
います。

　1995年にパリ高等師範学校でのコロキアム——「今日、アルチュセールを
読む」[7]——を終えて私が帰国してしばらくたったころ、フランソワからニュー
スが飛び込んで来ました。「出てきたぞ、段ボール箱ひと箱ぶん」。最初にお話
ししたアルチュセールのスピノザ・ノートです。マシュレーのもとに留学して
いたアメリカ人学生がそれをIMECにもってきた、というニュースでした。そ
のアメリカ人のことは私も知っていました。どうして今頃？　という疑問への回
答もフランソワから得られました。1990年にアルチュセールが亡くなって以
来そのころまで、いわゆるアルチュセール派の面々とIMEC（およびそこに集う
私たち）の関係は最悪でした。遺族の意思により蔵書と遺稿のすべてがIMEC
に供託されたものの、「友人の会」は分裂し（正確には設立総会に旧アルチュセリ
アンのほとんどが土壇場になって不参加を決め）、手元に手紙や資料（講義録やノート、
未完草稿の類）をもっていた多くのアルチュセリアンはそれらをIMECに託すこ
とを拒んでいたのです（対立の争点は自伝をいつどのように[8]刊行するかでした）。そ
うした資料の一つがようやく出てきたわけです。しかしそのころの私とフラン
ソワにはもう、そのスピノザ・ノートなしに我々のアルチュセール像を組み立
てることができると思えていました。私のほうは現に、数回のフランスその他
での発表を経て『アルチュセール——ある連結の哲学』を、そのノート群なし

に書くことになります。さらにノート群を使って今回の著書を書いたあとでも、私は前著を修正する特段の必要を感じていません。私より先に段ボール箱を開いていたフランソワも、なんだこれ、ただの読書ノートじゃないか、と落胆していました。というか、これなしにアルチュセール論を組み立ててきた我々は間違っていなかった、と彼も安心したようでした。

2）　マトゥロンによる『知性改善論』把握と私の「発見（エウレカ）」

　たしか2013年だったかと思います。それでもとにかく段ボール箱の中身を私も読んでみよう、と一夏を、パリからカーン（ノルマンディー地方）に本拠を移していたIMECで過ごしました。資料をいちおう縦覧してノートを取ったものの、どう面白くそれを使えるかはまだよく分かりませんでした。それでも、いくつかの強烈なひっかかりは得られました。また、それを得るうえでは、アレクサンドル・マトゥロンの論文集（2011年刊）に収録された『知性改善論』をめぐる二つの論文[9]が触媒になってくれました。というか正確には、それらを読んでマトゥロン本人と直接、なぜ彼が、もくろんでいたにもかかわらず『知性改善論』論を単行本にしなかったのかという話をしたときの記憶が、です。彼の構想の主題ははっきりしていました。『知性改善論』と『エチカ』の関係です。論文集収録論文では、『知性改善論』は「実体」をめぐるデカルト派との論争の書であるという位置づけです。それを書きはじめたころのスピノザはすでに「唯一の実体」という『エチカ』の根本命題を手にしていたけれども、二実体論を採用するデカルト派をなんとしても説得したかった。そこでデカルトの議論に寄り添いつつ彼らをpédagogiqueに「唯一の実体」へ導こうと考え、『知性改善論』を書きはじめた。しかし結局うまくいかずに完成をあきらめ、いきなり「唯一の実体」から『エチカ』をはじめて議論の展開そのものにより彼らを説得しようと考えた。マトゥロンは当該論文において概ねそのように二書の関係を捉えています。

　すぐに分かるように、これはむしろ『エチカ』の実体論そのものを問題にする二書の関係論です。デカルトのように「経験」とそれへの懐疑から出発しては、いかにしてもそこに到達できない「唯一の実体」とはなんなのかに答えな

くてはならないからです。あるいは「経験」からは「二つの実体」にしか到達
できないのではないか、という問いを提出してしまうからです。『エチカ』は
「唯一の実体」から出発する、「実体」の唯一性は同書冒頭で「証明」されてい
る、と語ってすますことのできない問いを、です。マトゥロンが『知性改善
論』論の単行本化を断念したのも、結局、『エチカ』論をやり直すようなもの
だったからのようでした。『知性改善論』をメインテーマに本を書いてもしよ
うがないと思った——正確には « ça vaut le coup » とは思えない——と語っ
ていました。哲学史的にはまた周知のように、「唯一の実体」論は、宗教者が
スピノザの汎神論に魅了されつつも説得されない難点をなしてきました。私は
いま誰よりもレオ・シュトラウスのことを考えています。[10] スピノザ論から哲学
徒としての道を歩みはじめたこのユダヤ教徒が結局スピノザを「捨てた」のも、
「唯一の実体」が「もっともらしい仮説の域を出ない」と思えたからでした。
どんなに科学が発達し、生命論が宇宙論に吸収されようとも、そんな「唯一の
宇宙」を作ったのが神であり、ほかに宇宙が存在したとしても、それらを併せ
て作ったのも神である、という宗教者の信念は揺るがない、とシュトラウスは
考える。[11]『知性改善論』の未完は、そうした信念への敗北ではないでしょうか。
「唯一の実体」が「経験」を超えているなら、「経験」の一つであるには違いな
い「認識」にどうして神を正しく把握できるのでしょうか。あるいは「認識」
とはいかなる「経験」なのでしょうか。[12]

　結果的にですが、私にはノート群のアルチュセールが、マトゥロンの立てた
問いに向き合っているように思えました。具体的にはまず、« habemus enim
ideam veram »（「我々は実際、真なる観念をもっている」）という『知性改善論』
中の命題へのアルチュセールのこだわりを、マトゥロンの議論を念頭において
読もうと考えました。こだわりそのものは「アミアンの提説」において明かさ
れていたので、[13] こだわりの痕跡とその追跡過程をノート群に探したと言ったほ
うがようでしょうか。そのさいに、スピノザが同書で言う「方法」を、« pri-
us » と « certitudo » の語を軸に読み解くマトゥロンの議論が導きの糸になって
くれたわけです。[14] 要するに、「真なる観念をもっている」という「我々」の
「確信／確実性 certitudo」を「最初 prius」に置く——「懐疑」する代わりに
です——根拠ないし正当性を、アルチュセールもまた探していたろう、という

仮説をまず立てた。そしてマトゥロンの論文①から、『知性改善論』の「方法」は最終的にそんな根拠や正当性を与えておらず、「方法」については結局『エチカ』の並行論に関連づけて理解されねばならないと教えられ、« prius »と « certitudo » と並行論の三つを関係づけられそうな箇所をノート群に探していったのです。結局、そんな都合のいい箇所は見つからなかったのですが、その代わりに、『エチカ』IV部定理9(「現在自分の目前にその原因があるという想像から生じる感情は、その原因が自分の目前にないと想像される場合の感情より強力である」)とその証明にかんするアルチュセールの註解に、それを「見つけた」と思いました。私にとっては本書に至る思索道程におけるエウレカです。第4章の冒頭で紹介していますので、ご参照ください。ノートに記された註解は、同定理9がアルチュセールにとっても驚きに満ちた発見であったことを示しています。ここでは繰り返しませんが、繰り返さない理由は、本書の全体がこの一つの「発見」に支えられていると白状したうえでその当否をみなさんに判断していただきたいからです。私はこの発見から、本書におけるアルチュセール像、彼の様々なテキストの可能な読み方を再構成しました。本書はいわば、スピノザの「方法」にかんするアルチュセールの発見をめぐる私の発見を長々と述べたものにほかなりません。それが成功したのかどうか、どこまで正当と言える再構成であったか、私はいまだに自問し続けています。

3) スピノザの「想像力 imagination」とアルチュセールの「幻覚 hallucination」

　アルチュセールによる註解をここで再び紹介する代わりに、私による再構成の概略を本書における叙述順序とは異なる仕方でお話ししてみたいと思います。スピノザの専門家の方々には、いわば一種の「種明かし」です。もちろん、手品がうまく行ったかを判断するのは私ではなくみなさんですから、はなはだ心もとない「種」なのですが。

　「種」の第一は、「知性」を「改善」するプロセスの最初に訪れるべき「確信」の「経験」を、『エチカ』V部定理23註解にある、「第三種の認識」をめぐる有名な命題「我々は我々が永遠であると感じ、それを経験している」と重ね合わせることです。つまりスピノザは « habemus enim ideam veram » を II

部の並行論どころか『エチカ』の最後でようやく「証明」している、とみなす。知性が「最初 prius」にもつ「確信 certitudo」の正しさを、『エチカ』は全行程の最後で証明している、と。言い換えれば、「知性改善」プロセスのはじまりと『エチカ』のゴールが、ヘーゲルにおける『精神現象学』と『大論理学』のように一つの円環──終点が始点に再接続される円環──をなしていると仮定する。これはアルチュセールがヘーゲルに耽溺することから哲学の道に入った点、ヘーゲルとマルクスの差異こそがマルクス主義哲学を再建するうえではもっとも重要であると言い続けた点を踏まえた作業仮説です。

　すると「種」の第二が自ずと浮き上がります。この円環が切れ目のない円環であったなら、ヘーゲルとスピノザに、さらにヘーゲルとマルクスに、本質的な差異はないことになってしまいます。『知性改善論』と『エチカ』、「経験」と「哲学」は、そのとき「現象」と「論理」としてつながり、それぞれのはじめと終わりを互いに送付しあって一つのきれいな円環を形成するでしょう。スピノザ哲学はヘーゲル弁証法に吸収されるでしょう。そうならないよう、切れ目のある円環、切れ目が同時に線の両端を結んでもいる構造を、アルチュセールとスピノザを往復しながら浮かび上がらせたい──これが先の作業仮説から私が自らに課した、中軸となるプロットです。マトゥロンから受け取ったスピノザによってアルチュセールを読み、そのアルチュセールに照らし合わせてスピノザを読む。本書の第3章において、私はそれを丹念に行ったつもりです。私としてはもっとも気を使った、新書の読者にとってはテクニカルにすぎたかもしれない箇所です。ただそれによって私自身、アルチュセールの名高い「認識生産の理論」や「徴候的読解」がどれほどスピノザを意識して書かれているかを今更ながら思い知らされました。彼にとってのスピノザはけっしてはったりなどではなかった、と。とすれば、私が昔から感じていたアルチュセールの難点──スピノザについて本質的に書き難いなにかを抱えている──は、そのままスピノザの難点、マトゥロンに二つ目のスピノザ論を書きたいと思わせながらあきらめさせた問題そのものだったのではないでしょうか。アルチュセールは早くからそれをこそ自分の問題にしていたのではないでしょうか。

　この第3章を先に述べた「私のエウレカ」によって両側から挟み込むようにした──これが三つ目の「種」です。第4章の冒頭に『エチカ』IV部定理9と

それをめぐるアルチュセールの註解を置き、第2章の終わりに、アルチュセールがその定理と関連させて読んだ『神学政治論』における「預言者」の分析を配置しました。この二つは実は「想像力 imagination」と題された同一ファイルのなかに収められています。定理9は「目の前に原因があるという想像」が引き起こす「感情 affection」を問題にします。アルチュセールはどうもその例解として『神学政治論』の「預言者」論を読んでいるのです。「預言者」とは「原因」を目の前に「見た」人のことではないのか、アルチュセールはそう考えているように思えました。そして『エチカ』と『神学政治論』のこの関連づけがエウレカの実質です。さらに定理9へのアルチュセールの註解は、同定理を明示的にスピノザの書簡17に関連づけています。「黒人の垢まみれのブラジル人」を見た「白日夢」について語っている書簡です。関連づけと言いましたが、どう関連づけているかをアルチュセールが詳述しているわけではなく、ただその三つを同じファイルに収めて相互に参照記号を振り、断片的なフレーズを記しているだけです。三者の連関を私の頭のなかで組み立てていくうえでは、彼のフレーズにある « hallucination »（幻覚）の語が決定的でした。その語のおかげで、様々なテキストが一本の糸をつむぐように縒り合わさっていったと言ってよいほどです。« hallucination »とはなにより、アルチュセールがマキァヴェッリ講義を行っているさなかに自分で体験したと語っているものなのです。[15] « hallucination »こそ「経験」と「哲学」の円環に切れ目を入れ、かつ両者をつないでいるのではないか。それはなにより断層を飛び越えているさなかに経験される、断層がここにあるという affection ではないのか。少なくとも、「真なる観念をもっている」という「確信」、神を「見た」という預言者の「経験」、そして個物／個体を知的に把握することで「我々」自身の永遠性を「感じる」という「第三種の認識」は、アルチュセールにおいていずれも « hallucination »として同質であるだろう。« hallucination »はアルチュセールにとり、スピノザの言う「もっとも強力な感情」であり、それを引き起こす「想像」です。

　この同質性によって切れ目を接続し、この同質性に連続性を断ち切らせるという私の読み方は、しかし、ブラックホールに宇宙生成の解決を委ねるようなものと思えるかもしれません。« hallucination »とは「目が眩む」経験ですから、「すべての黒牛を黒くする闇夜」の裏返しではないか、と。けれども、私

が本書を通じて強調したかったのは、アルチュセールが « hallucination » をあくまで構造的に理解しようと務めている点です。そしてそれは彼のよく知られた資本論読解に、彼なりの並行論解釈として読み取れるという点です。構造とは « hallucination » の構造であり、諸属性の並行とまさに同一の構造であると言ってもよいくらいです。諸属性の並行が「実体」の構造であるなら、です。ちなみにマトゥロンはスピノザの並行論をアルチュセールの「構造的因果性」に接近させたことがあります。[16] アルチュセールの « hallucination » はけっして特異な神秘体験などではなかった、と私は本書を書きながら痛感しました。

４）　フーコー的なスピノザ？

　四つ目の「種」はこの « hallucination » にかかわります。アルチュセールが « hallucination » にもたせた機能——「切断しつつ繋ぐ」——には、彼にヒントを与えたばかりか彼の思索を支えたいわば出典があるように思えました。フーコーの『狂気の歴史』と『臨床医学の誕生』です。この二書において分析された「理性」と「非理性」、「見える」と「見えない」等々の関係は、それを語るフーコーの語彙とともに『資本論を読む』のなかに取り入れられています。本書では少しの紹介にとどめましたが、詳しく見ると、似た言い方、明らかな参照が多数、それも議論の根幹にかかわる箇所に見いだせます。たとえば『臨床医学の誕生』で18世紀の解剖学について言われた「不可視なる可視 invisible visible」（なにが見えているかが見えていない）という「知の構造」は、ヘーゲルを読むマルクスの、さらにマルクスを読むアルチュセール自身の「徴候的読解」をめぐる分析にほぼそのまま援用されています。アルチュセールは『臨床医学の誕生』をフーコーから草稿段階で読ませてもらい、自分のゼミでも取り上げています。したがって、アルチュセールはなにか啓示のようなものを受けてスピノザを読んだというより、現実にはフーコーとスピノザを同時期に二重写しにして読んでいたのだと思います。その点は彼の書簡からも確かめることができます。[17]

　私自身は『狂気の歴史』初版序文に登場する « partage originaire » という表現を、本書においてアルチュセールとスピノザを読む導きの糸にしました。

訳語を一つ与えるとすれば「始原的分割」ということになるでしょうが、分割
された二つのものを分け合っている、共有している、そのことが始原(はじま
り)かつ起源(由来)をなす、という意味ももちます。いわばはじめにpartage
──〈分割＝共有〉──ありき。こうした切断かつ接続の概念をフーコーこそ
がアルチュセールに与えたのだろうと私は考えています。そして『知性改善
論』と『エチカ』は、« hallucination »としての「第三種の認識」を深部にお
いて共有しつつ、二つの書物に分割されている──私はそのように、マトゥロ
ンの立てた問いに対し答えたつもりです。スピノザの読み方をフーコーがアル
チュセールに教えたとすれば、思想史的にはたいへん面白い連関であるかもし
れません。フーコーはほとんどスピノザを読んでいませんでしたから。『知性
改善論』のはじめのほうを除いてです。それはともかく、私が本書を書いてい
たころ、アレックスはもう会話ができる状態ではありませんでした。ご承知か
もしれませんが、息子と同じく脳卒中を患い、自分を指して語る息子の表現を
借りれば「野菜」になっていました。[18] だからこそ、私は彼に宛てた最後の手紙
を本書として書きたいと思い、彼には読めない日本語で書いてもいいだろうと
自分に許しました。

　最後の「種」は本書の、というより本書のあとにかかわるものです。本書を
書きながら、つくづく思いました。アルチュセールよりフーコーのほうがよほ
ど謎ではないだろうか。1960年代の前半に二人がこれだけ濃密な知的交流を
見せたことの痕跡は、フーコーのほうではどうなっていくのだろう。『言葉と
物』(1966)がアルチュセール派の面々に不評だったせいで、二人の交流は表面
上途絶えていきます。けれども同書には『資本論を読む』からの影響が明らか
に認められますし(たとえば世界を「開いた本として読む」という比喩形象)、「国家
権力」に解消されない「権力」の理論を追求したという点では、二人の歩みは
まさに並行しています。そしてフーコーの講義録にはアルチュセールへの応答
と読めるような記述が多々含まれています。さらに、フーコーが「権力の理論
家」であるとみなされるのを拒否するようになってからは、「真理」概念をめ
ぐって、必ずしも意識されない「交流」がむしろ深まっているようにさえ思え
ます。私が本書で提示した「真理」と「イデオロギー」の関係をめぐる議論は、
紙数に余裕がなかったので深掘りしませんでしたが、フーコーの「真理」と

「権力」をめぐる議論に「合う」ように書かれています。どう「合う」のかについて少しだけ述べれば、アルチュセールが「国家のイデオロギー装置」の代表格とした教会制度は、後期フーコーにおいては主たる分析対象の一つです。フーコーにおける真と偽の « partage »、その « partage » と「権力」の関係は、アルチュセールのイデオロギー分析を母型としているのではないかと思えるほどです。顔を突き合せた二人の交流は1970年代にはなかったようですが、1980年の事件——アルチュセールが妻を殺害した——のあと、フーコーのほうからそれを復活させています。何度か実際に会いに行っています。アルチュセール派の面々が次々に彼らの師から離れていった時期に、です。しかしフーコーがアルチュセールに会いに行ったのは、ただ彼に会いたかったからだけというのでもないようです。当時アルチュセールの生活の面倒をもっともよく見ていたのは、スタニスラス・ブルトンという哲学者でした。フーコーはどうも、この修道院育ちのカトリック神父（彼は孤児でした）にして60年代末からのアルチュセールの随伴者、アルチュセールに「解放の神学」を教えた人物と議論したかったようです。当時のフーコーの関心は修道実践とその教義にも向いていましたから。『主体の解釈学』(1982年度講義) を経て『自己と他者の統治』(1983年度講義) に向かうころです。なかでも『性の歴史』第4巻『肉の告白』を書いていたころです。神父と哲学者と「狂人」の三人がリュクサンブール公園を散歩する姿を想像するに、本書を書き終えた私は « hallucination » を覚えずにいられませんでした。それを、アルチュセールが『資本論を読む』でスピノザについてやったように構造的に切開してみたい、そのように私は今思っています。

●注

1) 本稿は2019年7月20日、立命館大学において行われたスピノザ協会第68回研究会における、拙著 (市田2018) にかんする口頭発表をほぼそのまま再現している。本文のなかで記す通り、拙著の構想過程においてはアレクサンドル・マトゥロンの仕事および彼との私的会話から多くの示唆を得た。その後2020年1月7日、私がアレックスと呼び習わしてきたマトゥロンは、長い闘病生活 (本文後述) の末に亡くなった。拙著の成立事情に鑑み、本稿は彼に格別の謝意とともに捧げられる。また、本稿に度々登場する彼の息子フランソワは、2020年4月3日、新型コロナ感染症により死亡した。

2) IMECの「アルチュセール文庫 fonds Louis Althusser」に « Notes sur Spinoza »

として保管されている（文献番号ALT2. A60-08/09）。中心をなすのは1962-63年に書かれた475枚の紙片であり、そのうちのかなりはアルチュセール自身の手により語彙集の形式にまとめられているが、独立した論考も含まれている。

3) 　市田2018、186-191頁。

4) 　注2のノート群とは別に、アルチュセール文庫には1940年代のものと思われる読書ノートが保管されている（ALT2.A32-01.10）。

5) 　主なものとしては「マキァヴェッリと私たち」（アルチュセール1972-1986）、「マキァヴェッリ」（同1962）。

6) 　アルチュセール1982、509頁。

7) 　雑誌『前未来』Futur antérieurの別冊として刊行されている（参考文献8）。私とフランソワ・マトゥロンのほかに、ヤン・ムーリエ・ブータン、アントニオ・ネグリなどが参加した。

8) 　ルイ・アルチュセール『未来は長く続く』（参考文献7）。バリバールたち旧アルチュセリアンは草稿類をすべて高等師範学校図書館に供託し、この自伝をすぐには刊行しないことを主張した。

9) 　Alexandre Matheron, ① « Idée, idée d'idée et certitude dans le *Tractatus de intellectus emendatione* et dans *l'Éthique* » (1989) ; ② « Pourquoi le *Tractatus de intellectus emendatione* est-il resté inachevé » (1987). 参考文献9所収。

10) 　レオ・シュトラウス『スピノザの宗教批判』(1930)。その英訳版(1965)のために書かれた「序文」(1962)が『スピノザーナ：スピノザ協会年報』第1号に訳出されている（参考文献10）。

11) 　シュトラウス1962、80-81頁、84-85頁。

12) 　この問題に正面から取り組んだのがピエール＝フランソワ・モローである（参考文献11）。ちなみにモローは高等師範学校でアルチュセールから直接の指導を受けた最後の世代に属しており、アルチュセールが1970年代に行ったスピノザ講義の講義録（アルチュセール作成）を事後的に読んでいたらしい。バリバールとマシュレーが私に個人的に語ったところによれば、アルチュセールは「モローにノートを貸した」と彼らに語ったそうである。件の講義録は現在行方不明である。

13) 　アルチュセール1975、283頁。

14) 　A・マトゥロン1989。

15) 　「フランカへの手紙」、市田2018、63-65頁。

16) 　A・マトゥロン1987。

17) 　市田2018、65-66頁。さらにアルチュセールがフーコーについて行った二つのゼミについては同書第5章を参照。

18) 　フランソワ・マトゥロンが脳卒中に襲われたのは2005年、アレクサンドル・マトゥロンは2015年である。F・マトゥロン2018を参照。

●参考文献

1. 市田良彦『アルチュセール──ある連結の哲学』、平凡社、2010年.
2. 同『ルイ・アルチュセール──行方不明者の哲学』、岩波書店、2018年.
3. ルイ・アルチュセール（市田良彦訳）「マキァヴェッリ」(1962)『政治と歴史：エコール・ノルマル講義1955-1072』、平凡社、2015年.
4. 同「マキァヴェッリと私たち」(1972-1986)『哲学・政治著作集II』、藤原書店、1999年.
5. 同「出会いの唯物論の地下水脈」(1982)『哲学・政治著作集I』、藤原書店、1999年.
6. 同（福井和美訳）「アミアンの提説」(1975：邦訳タイトルは「アミアンの口頭弁論」)、『マキァヴェリの孤独』、藤原書店、2001年.
7. 同（宮林寛訳）『未来は長く続く』(1985)、河出書房新社、2002年.
8. *Lire Althusser aujourd'hui, Futur antérieur*, hors série, L'Harmattan, 1997.
9. Alexandre Matheron, *Études sur Spinoza et les philosophies de l'âge classique*, ENS éditions, 2011（« Idée, idée d'idée et certitude dans le *Tractatus de intellectus emendatione* et dans l'*Éthique* » 1989, « Pourquoi le *Tractatus de intellectus emendatione* est-il resté inachevé » 1987）.
10. レオ・シュトラウス（高木久夫訳）「『スピノザの宗教批判』 英訳版への序文」(1962)、『スピノザーナ：スピノザ協会年報』第1号、学樹書院、1999年.
11. Pierre-François Moreau, *Spinoza : L'expérience et l'éternité*, PUF, 2009.
12. フランソワ・マトゥロン（市田良彦訳）『もはや書けなかった男』、航思社、2018年

How I wrote my *Louis Althusser, philosophy of disappearing man* ?

ICHIDA Yoshihiko

The author of a monograph on Louis Althusser explains how his work is located in the context of Spinoza studies. Analysis of Marx by Althusser, especially on the structural causality and on the symptomatic method of reading in the *Capital*, was based, according to the author, on a very particular interpretation of Spinoza's famous phrase of *TIE*, "habemus enim ideam verum", and of his strange letter 17 telling a 'daydream' to Pierre Balling, or rather on an althusserian way of articulating these two with the theorem 9 of *Ethics* IV on the 'affection' of knowing causes. The author searches and finds, inspired by two articles of Alexandre Matheron on *TIE*, this connection in Althusser's unpublished notes on Spinoza (1962–1963), and finds also, in that process, a close relationship between the Spinoza of Althusser, Michel Foucault's concept of madness and Althusser's personal experience of 'hallucination'.

〈招待論文〉

真理の宛て先
——新カント学派とスピノザ

九鬼　一人

序、プラトニズムと真

　スピノザの存在論的了解で、カントと相違するものを挙げるのなら、その一つとして様相に関するものがある。とくに以下の存在必然公準というテーゼは、スピノザについての〈必然支配の現実性〉（上野2017.）を下敷きにしている。つまりスピノザのテーゼは、存在が永遠の相のもとで必然性を担うことを意味している。

　①スピノザ　　A→□A　　　　存在必然公準（□AはAが必然）

　②カント　　　Ob A→◇A　　自由公準（Ob Aは、Aが義務。◇AはAが可能）

　カントのテーゼは当為が自由の認識根拠であることを示しており、新カント学派はカントに倣い、②の自由公準に準拠した。さらにAを「pと判断する」（pは命題）と置くなら、新カント学派は、カントの〔物自体の不可知ゆえの〕「表象の戯れ」（ヤコービ）を回避しつつ自らの判断論を組み替えるなかで、相在のアプリオリな存立apriori(A)（Aはアプリオリに成り立つ）を〈一定範囲の経験〉について認めた。そしてapriori (A)を、認識論的観念論的に了解された必然性(□A)に遡及したのである。

　③□A→apriori(A)　　　　　アプリオリ公準

　このアプリオリ公準をめぐっては、さまざまな了解がある。プラトンのアプリオリズムをおおむね汲むが（コーヘン・ナトルプ・N.ハルトマン・ヴィンデルバント等）[1]、その了解については諸タイプが分岐しえた[2]。本稿では、③のアプリオリを当為必然性と理解する西南ドイツ学派のタイプをとり上げる。すなわち②に、④の当為必然公準をくわえる。

②当為にしたがい、主体が自律的に相在を定立する。Ob A→◇A

④必然的な妥当が現われるのは、当為を必要条件としている。□A→Ob A

　これらに関して、いくつか確認する必要がある。妥当の自立性［= Selbstän-digkeit］は、その非依存性［= Unabhängigkeit］と区別されなくてはならない。妥当が自立しているとしても、意識を前提せずには効力をもちえない。〈覚醒〉していない意識にとって、価値は無意味なのである。ただし妥当が依存する「意識一般」は、理想的な条件のもとでの無制約な（行為主体への非言及の）意識のあり方である。規範命題Oの行為主体への非言及とは、以下の中立的善のケースを言う。「Oが中立的善なのは、次の場合であり、かつそのときにかぎる。Oが適合的なかたちで是認される理由となる性質が、Oの是認に適合することに関して、その応答者に、もはや言及することを伴わずに記述可能な場合」（G. Cullity 2015, p. 105.）である。

一、有限性と実体概念

　「〈座談会〉虚軸としてのスピノザ(I)——近世と現代」『思想』、第1080号、2014年、12頁以下、松田毅の発言に照らし、新カント学派がスピノザ哲学に躓くとしたら、次の点である。

一　実体だけが存在するという主張に対して、形而上的学実体[3]を認めない。

二　被造物は神の様態という主張に対して、現実性を価値派生態とする。

三　神は意志をもたないという主張に対して、有限者の意志を認めている。

四　必然的世界観という主張に対して、「態度」［= Verhalten］の自由を対置する。

五　神は目的をもたないという主張に対して、人間理性の目的論を立てる。

　無限 – 必然性と有限 – 可能性というフィヒテ的構制を仮定するなら、上記の新カント学派（西南ドイツ学派）の発想は、その有限者の可能性を機縁に舵をとっている。そして〈存在即実体〉を敬遠して、価値をベースとした現実性の構成を考えている。認識とは、現実性を作り出す「意識一般」の、主意主義的な判断作用である。例えばその祖ヴィンデルバントは、判断作用の導き手となる命題価値を、「意識一般」にとって妥当するとした。受けて言う、「……この解説にとって探求される必要がある、はなはだしく変転する過程は、絶対的価値

にまったく関与しないのである。その価値は意識内容に内在するとはいえ、お
よそ現実性に対する規範として妥当する、と私は確信できる」(W. Windelband
1884 (←1883), S.321.)、と。

　ヴィンデルバントは、「〔17〕世紀末に立って、その17世紀の哲学的思想、及
び宗教的思想と合致していることを」、スピノザに認める。それらの査閲にお
いて、思想の数限りない変奏のなかで「プラトンのエロース」に出会う。哲
学・宗教・プラトン的観想的愛は、絡み合ってスピノザの知的愛を現成せしめ
ると言う (W.Windelband 1884 (←1877), S.108f.)。その了解によれば、プラトン
的愛がスピノザ的主知主義を包摂する。実際、ヴィンデルバントは『西洋近世
哲學史』において、新プラトン主義のラインでスピノザを理解する (W.ヴィン
デルバント 1950-52、65頁)。そして観想的愛 (W.ヴィンデルバント 1950-52、74頁)
に、プラトン的特質を認める。「聖について」では、ヴィンデルバントは、絶
対的実体を立てるスピノザ主義 (汎神論) を相対化しつつ (W. Windelband 1919
(←1902), Bd.II, S.311f.) 多神論を称揚する (W. Windelband 1919 (←1902), Bd.II,
S.318.)。そしてプラトン的遁世の色濃い聖概念を見出し (W. Windelband 1919
(←1902), Bd.II, S.319.)、当為を神の命令として位置づけている (W. Windelband
1919 (←1902), Bd.II, S.321.)。ここに新カント学派－プラトン－スピノザという
回路が垣間見える。――妥当の必然性を考えるとき、実際、彼はプラトンを念
頭に置いていた。生がうつろい過ぎゆくものならば、空しいではないか。彼は、
それを超える途を以下のように探る。「この『理想的/観念的な存在』は、真
なる存在、オントス・オン〔= ὄντως ὄν存在中の存在〕、もしくは物自体と呼ばれ
てきたが、――たとえ私たちの〔感性的〕経験の前に現実的なものとして現われ
なくても、それらで、ただ妥当するものを、ずっと念いつづけてきたのであ
る」(W. Windelband 1884 (←1883), S.321-322.)。こうしてヴィンデルバントは、
プラトニズムに接近した〔スピノザ的〕永遠を、価値という領域に定位する。例
えば「もし私が〔このような有為転変を〕超えうるというなら、生の内容によっ
てのみ、私の実存の価値によってのみ可能である。すなわち――あらゆる時間
的条件から超え出る〈その何か〉があって、私の生の継時中〈その何か〉を把握
でき私の存在の内容としうるならば、そのことによってのみ可能である」(W.
Windelband 1884 (←1883), S.314-315.)、と言う。

　まとめれば、たんなる表象は「時間的現象界」（W. Windelband 1884（←1883），S.319.）に帰属するから、それを介した認識によっては「永遠な何か」に至れない。必然、つまり永遠（Vgl.E1Def8）という時間の消尽点とは、命題価値＝妥当である。というのも、「事実必然的なものではなくて、妥当するものだけが、私〔の思考と理解6.Aufl.で加筆1919〕には、永遠で無時間なもの」（W. Windelband 1884（←1883），S.321.）だからである。図式化すれば、ヴィンデルバントは必然的な学知に言及し、規範意識が承認を要求する超時間的な妥当を、必然的であるとした（□A）。しかも価値判断の内容は、有限者にとっては〈当為必然の相〉で現われる（Ob A）。ここで先に言及した当為必然公準を確認できる。
□A→Ob A[4]

　リッカートの認識論的観念論を素描してみよう。その妥当は、神学的な含意に支えられつつ、プラトン的／自体的に了解された価値必然性をまとう点で、スピノザと似通う。そうした妥当にしたがい、人は判断行為を行う。しかも事実判断（基本的には価値判断なので、以下の価値判断と同じ構造）と価値判断との表面上の区別がある。ただし認識に係る論理的［＝logisch］事実判断は、実践に係る倫理的［＝ethisch］価値判断をひな型にして論じられる。対応して認識論的二元性、つまり存在（現実性）と価値の区別が設けられる。前者は畢竟、後者に立脚するがゆえに、現実性の概念と価値概念は交互概念となる。いずれにせよ命題価値を前提にするものの、事実判断と狭義の価値判断との、区別がしつらえられている。両者をひっくるめた、およそ価値判断一般に関して言えば、構造的には、(1)客観的価値に対する(2)「態度」ということになろう。(1)を強調すれば、――スピノザのザッヘに定位した実体概念と比較して、呼びかけるレーベンたる妥当に、焦点を絞った非自然主義的認知主義ということになる。(2)を強調すれば、決断主義的情緒主義ということになる。しかしながら(2)「pに賛成的態度をとる」ということを、(1)「命題pは価値として妥当する」ことを等価と見なして、(1)と(2)を架橋できる。以上で示唆しえたのは、当為必然公準という、非自然主義的認知主義（「主意主義的認知主義」）の相貌である。

二、現相論と内在主義

　さてスピノザと新カント学派の接点を探れば、リッカートの現実性には、直観的な所与という意味（一階の多元的個性・異質的連続に対応する）と、客体化された現実性＝〈事物・心〉（二階の多元的個性）という二つの意味がある[5]。以下で見るように、前者のライン、つまり有限者にとっての内在に対応して、アヴェナリウス的現相論（フェノメナリズム）への接近が生まれた。そこに現相論とスピノザ主義の重なりを見出せまいか。同じ流れを汲む者として――第一に現相論者ルヌーヴィエは、相対主義的に主客を考え、関係によってはじめて項（ターム）が生成するとした。彼は、後述するラースにおける経験とその対象を、ちょうど「表象しているもの représentatif」と「表象されるもの représenté」の対に重ねた。カント的認識論をとりつつも、その不可知論を回避し現相論に与している。第二にこの時代に顕著な相関主義の論者は、事物を囲い込む巨大な連関の、一部として思考というものを見定めている。そこにスピノザ主義の、新カント学派の〔認識論的〕内在主義的反映を見出しうる。

　アヴェナリウスは、そのスピノザ論のなかで、スピノザの汎神論を三期に分ける。すなわち一、自然主義的全一性の時期　二、有神論的全一性の時期　三、実体主義的全一性の時期である（R. H. L. Avenarius 1868, S.11）。そして第二期から移行した第三期に着目して、自己原因が〔第三期に〕再び受容され、属性同士は相互作用せぬようになること、概念間の〔論理的な〕条件関係なくして事物間の実在因果的関係はありえぬこと、そればかりか神よりも実体概念が体系的に先行していることに着目する（R. H. L. Avenarius 1868, S.59-60.Vgl.S.63.）。例えば現相論において感覚要素から〈秩序〉へ迫ろうとしたことは、所与たる実在を起点にして神を推論しようとした（R. H. L. Avenarius 1868, S.80. Anm.）スピノザの第三期を彷彿させる。

　それはそれとして、リッカートは彼の〈三重の主客関係〉[6]を、以下のように現相論に近いかたちで規定する。〈三重の主客関係〉から、価値が相関的に依存する「意識一般」（ただし『認識の対象』第三版GE3以降は「意味の第三領域」）を抽出している。それは客観を、①自己の身体以外の空間的外界、②自体的に現存する全現実性すなわち超越的客観、③意識内容ないし内在的客観（GE2,

S.11ff.) に定立するという、予備考察を踏まえてのことである。これら三つをイメージしやすいようにまとめておこう。

　身体内─身体外　身体外が空間的客観

　内　在─超　越　事物が超越的客観（事物はのちに、内在的客観に繰りこまれる）

　作　用─内　容　内容が内在的客観（ここでの作用から「意識一般」が導き出される）

　リッカートは相異なる〈一者と他者〉の総合的統一において、それらを相補的に捉える相関主義Relationismus[7]の立場から体系を組み立てた。つまり一者に対する他者を補完する項として要請し、その相関によりトータルな俯瞰に立とうとする。三重の主客関係は、内在的領域を相関的に分轄した対である。こうして現相論的な相関主義は、相対主義のアポリアを超えるものとして想定されている。リッカートは言う、「つまり普遍的なふんらじ、一者に対して一切の他者を考えるなら、おおむね思想家の頭にあったのは、相関関係だったのだが、もはやそれは相対的ではなく、何か絶対的なものであったのである。思想家たちはたいてい、相関主義と名づけうる見解を相対主義と混同している。実を言うと、相関主義は、いかなるものも一者の他者への関係として規定するのである」(H. Rickert 1921, S. 44.)、と。

　より広い文脈に置けば、彼はナトルプのラインに与っている。例えばナトルプによれば、思考とは関係づけ一般であり、異なるものの結合である。だから相関関係が独立した項の、論理的後者として来るはずもなく、「相関関係は絶対項の相関ではありえない」(P. G. Natorp 1911, S.50, S.52.)。〔あくまでお互いに〕依存的な関係を下敷きに、主客の相関を説くことで、他の新カント学派論者たちとともに反形而上学的見地に立った。

　管見の及ぶ範囲で言えば、リッカートの相関主義は、新カント学派に数えられる〔現相論の〕エルンスト・ラース (1837-1885) をお手本としているのであろう。それは、共相対主義のもとで説かれるからである (GE2, S.14. Anm.4, Vgl. GE3, S.18-19.)。ラースの『観念論と実証主義　批判的分析』(1884) は、歴史的叙述・認識論・倫理学からなる三巻本である。観念論的プラトニズムの敵対者として、感覚論・相対主義・弁証法が検討され、主観も客観も対自的(フュアジッヒ)には存在しえない (E. Laas 1884, S.179) と、──つまりいかなる客観も主観の客観であり、いかなる主観も客観の知得主体である (E. Laas 1884, S.179.) と説かれる。その

ようにすべてを相関的と見ることによって、現象界が客観的な秩序をもつとされる (E. Laas 1884, S.182.)。その共相対主義では、意識のうちにとどまることで、客観主義 (実証主義) は主観主義 (プラトニズム) 中にまとめられる。「〔デカルト－バークリィの〕これら認識論はもはや「主観主義」ではなく、むしろ「主観－客観主義」である。それは正確に解すれば、相対主義ではなく共相対主義 [= Korrelativismus] である」(E. Laas 1884, S.182.)。正しく理解された実証主義、すなわち共相対主義は観念論と対立しない。現相論的に主客の、相補性の端緒が内在的領域に見出されたのである。

三、並行論と相関主義

　リッカートの「スピノザの属性並行論」(1885-86・リッカート20歳代前半の草稿) に、事物と心の相関がどのような翳を落としているのかを見よう。リッカートのスピノザ論が書かれた背景は、今一つ明らかでない。執筆時期は、シュトラースブルク大学でヴィンデルバントに学んだ時期と重なる。ヴィンデルバントは先立つこと1877年、「スピノザを記念して」を書いている。背景としては1886年、リッカートがチューリッヒ大学でアヴェナリウスと知り合っていることもあるだろう (Vgl.W. Windelband 1884 (←1883) .)。

　彼はこの論文で、スピノザの整合的解釈より、むしろ一と多の矛盾、神的主観と人間的主観の両義性等の、問題を追究している。論調としては、物心の並行論解釈から、物心の同位的相関に話が及ぶ。スピノザ解釈としては、エルトマン・フィッシャー・トレンデレンブルク・ブラトゥシェックに追随しており、トマス的個体主義解釈への傾斜はあるものの、出色のできではない。

　リッカートは神＝実体を、論理的前提とするエルトマン、因果的原因とするフィッシャーを解説し、両者の限界を指摘して、ともども属性を実体の本質とする解釈を指し示す。そして同一実体を表わす属性の、実在性を肯定するトレンデレンブルクを承けて、二元論的解釈を斥ける。そこで基体と様態の「一と多」の問題が出来することになる。途中、観念の観念 (ブラトゥシェック参照。Vgl.E1Def6) を、思惟・延長とは異なる属性とする解釈を検討し、それを推し進めれば、無限後退になることを指摘する。畢竟、スピノザにおいてはごく内

的な「敬虔」の問題として、それは解決されるから、神秘主義の傾きをもたざ
るをえない。これには、人間的思惟を念頭に置く誤解がかかわってくるが、忘
れてはならないのは、「魂」ということで無限知性の一部分（？）を考えるべき、
という点である。人間的思惟を想定する錯誤を回避しながら、自我の観念に相
関的な延長たる身体、さらには自然という個体、誤った思惟の可能性等々の論
点が検討される。因果的な人間的思惟への働きかけというアポリアに触れつつ、
身心の根本的関係は、神について成り立つのであって、それゆえ、その関係は
人間には理解できぬのか、――そこに死の問題もかかわってくる――という有
限者と神との〔リッカート的には〕価値との隔たりという問いかけで結ばれている。
　リッカート相関主義の、スピノザ解釈への投影という観点からのみ検討する。
　Korrelat（Correlat・以下波線で強調）を造語成分として含む単語が出てくるの
は、文中五箇所である。幾分の齟齬も見えるから、概括的なまとめで禁欲しな
くてはならない。一、スピノザが並行論を首尾よく完遂したかという問い
（BL.9）を承けて言う、「延長という属性の様態各々に対して精神的なものに共
相関現象が存し、反対に観念各々（jedrのe欠）に、それに対応するにちがいな
い何か物体的なものが存するということである。そこで物体各々は観念に、つ
まり一個の観念に対応し、観念各々は物体に、つまりふたたび一個の物体に対
応することが明らかになるなら、私たちはスピノザの成就の首尾という問いに
肯定的に答えられる」。しかし観念の観念という二つの観念が対応する共相関
者は、様態が一つしかないので並行論が頓挫するかに見える（BL.10）。この文
脈で観念の観念を第三の属性と見なす解釈が検討され棄却される。二、また物
体と心の対応を見出しがたいという印象を、スピノザが自己意識に無頓着な
〈くだり〉から受ける。なぜスピノザは、無限に多くの無意識的心的状態を認
めるように迫られたのか。「自己意識に対して、思考の様態は〔あえて〕意識的
と決めておこう。まさにこの意識ということにおいてこそ、自己意識の固有の
本質が成り立つ」。さりとて「自己の表象は、たしかに「純粋精神的な」何か
とはいえ、それに対応する共相関様態を延長のなかで選り分ける（sonderのnの
欠）ことはできないであろう」（BL18）。スピノザは、有機体（身体）という個体
に相関的な精神（Vgl.E2P19D, E2P21D）を考えることで、この自己意識の相関者
についての隘路を切り抜ける。また観念の様態に対応した、共相関的延長の様

態を見出しえぬこと（BL.20）と同様、無限の延長に相関的な観念が無いように見えるのは、人間的思惟を想定しているがゆえの誤解である、と説かれる（神的思惟において思惟を考えなくてはならぬ）。三、無限の延長に対する思考的共相関者（BL.22）は、現象（仮象）ということになるが、これも人間的思惟を発想の基礎に置いた誤解であり、神のうちの思惟としては真なる思惟しかありえない。

　　──このように彼のスピノザ解釈における相関関係は、対立概念の相補性という骨格をとどめている。同時に、人間的思惟と神的思惟を区別して、後者に即する場合にのみ狭義の相関関係が成り立つことが指摘される。リッカート的な補助線を引くと、前者の水準（「人間的思惟」）が存在レベルであり、後者の水準（「神的思惟」）が価値レベルである、と言えるかもしれない。

　こういうことである。リッカートの第一〈領域〉＝存在レベルで、事物と心が相関関係をかたちづくるにあたり、その導き手となるのが価値である。彼は次のように説いていた。「一致を認識するには、相変わらず主観が必要であり、そうした認識は、もはや表象ではありえぬ。なぜなら表象なら、新たな一致が認識されねばならず、無限後退に逢着せざるをえまい」（GE1,S.46-47.）。模写は──表象と知覚の関係に還元され、必然的に原物・コピーの対応にもちこまれる以上、──無効なのである。けだし知覚されるもともとの客観と、表象によって模写される客観という、二重化は避けなくてはならぬ。こうして認識主観のなかに、表象系列という主観的な無限系列を抱え込んでしまうことを、彼は批判したのである（T. Kubalica 2012, S.108-109.）。翻ってリッカートでは、妥当とは、一致を名乗る思惟そのものの次元であり、この価値自身において真理が問われた。それをスピノザ流に言いかえれば、〈おのれと同一な観念〉の次元と言えるだろう。スピノザによれば、真なる思考は、それ自身で自らが真であることを知悉しているのである。ということは思考の対象は、現実性の概念と等価となろう。唯一、無限、かつ自己原因的な実体としての神を、有限者の超越として押し出せば、リッカートの妥当に通じる。スピノザなら、神の内在的領域に物体と心の相関が存立するところを、その存在論的内在が個人に投影されて、リッカートの認識論的内在が成立するのだ。しかも認識論的内在レベルの根拠が、リッカート的価値概念であるなら、神の存在論的内在レベルの根拠が、スピノザ的実体概念ということになる。

　神と有限者が一致するがごとき、スピノザの存在必然公準A→□Aは、新カント学派の当為必然公準□A→Ob Aと両立しうるだろう。その一方で、新カント学派の自由公準は有限者のカノンであるものの、それが自由のなかで理想的価値に目覚めるという意義をもちうる。ここで決断主義的な「態度」が、認知的基盤といった理性的契機をそなえていたことを思い起こさせる。とはいっても、新カント学派の場合、当為必然公準□A→Ob Aと一緒にならなければ、価値（当為）的アプリオリへ手を伸ばすことができない。そもそも妥当という超越は、かかわりを呼びかける非自然主義的な実在であるからこそ、当為を現出せしめる。当為が手を伸ばすのは、〈当為を仰ぐこと／価値との隔たり〉という間（はざま）である。

　この真理という審級を、スピノザのように神ではなく、新カント学派的に脱形而上学的に（?）求めるならどうだろう。リッカートの命題価値は賛成的態度を受けており、後者は認知的基盤を要求する。こうした「主意主義的認知主義」は、〔スピノザ的〕「実体論的認知主義」とどのように対比されるかを論じて、まとめとしよう。

結　合理性と認知主義

　真であるとはスピノザにあって、現実性の必然的な概念的総体を意味していたのである。すなわちスピノザ的に、永遠の相のもとの真理に住まうことは、有限者と神の思惟が一致する水準を考えることである。ただしリッカートの見解では、人間主体にとっての思惟と延長の同一性が成り立たないとする（BL.22）。すでに見たように、スピノザ的永遠には、自由の余地がない（リッカートはそれを緩和すべく、必然性概念を穏当なものに解する（BL.24.））。

　他方、リッカートの妥当（なかでも論理的妥当）ということから、認知主義が開かれる。加藤泰史の言い方をもじれば（加藤2014、152頁.）、——妥当という超感覚的存在（かかわりを呼びかける実在）を介して、——諸々の当為を開示することで規範的次元を切り開き、構成された「相在」が、つまり解釈された第二の自然という「作為」〔= Faktum〕が投影された当為にしたがうこと、すなわちそれが価値判断ということになる。「意識一般」は認識論的内在を守り、超越

とのあいだに不透明な要素を抱え込む。としてみれば、内在的認識は、ある種の仮設的〈吟味〉の様相を帯びてくる。超越への内在の適合は、言わば内在から超越へと手を伸ばすシミュレーション、つまり一つの認知的適合に拠っている。当為現象とは〈超越の境界〉での思考なのである。「主意主義的認知主義」は、リッカートの有限者認識に拠って立つ、認知主義である。真理の宛て先が、超越たる妥当に錨を降ろす点で、神とぴったり合致した地点に向けられたスピノザと交叉し合う。

　『知性改善論』から、当為と必然の交わるところを、最後に押さえておきたい。真理が当為の存在根拠であることには変わりないことが、スピノザでも認められよう。事柄に即して見れば、「真理であることが確かになるためには、真なる観念をもつ以上の、さらなる標識を必要としない」（TIE§35）、つまりA→□Aである。その真なる規範にしたがうことが哲学へと向かう道である。しかし真なる観念を虚構と見なす懐疑論者（Vgl.TIE§50-64）のように心を盲目にされてしまった人もいるから（TIE§47）、「もともとの真の観念という規範〔当為〕にしたがって他の諸観念を適正な秩序で獲得してゆけば、真理は、そうである限りにおいて、前述のように、自己自身を明らかにする」（TIE§44, Vgl. E2P43S）。だからOb Aが要請される。規範を与えてくれるのが、真なる観念である（TIE§65-68,75）。

　顧みるに、当為必然公準□A→Ob Aを説くスピノザには、真理との隔たりはなかったのだろうか。彼においても、もし人があらかじめ素直に真理の規範〔当為〕にしたがう幸運に恵まれていたら方法は不要で、真理がひとりでに流れ込んできたであろう。しかし真理が流れ込むことは、決して、あるいは稀にしか起こらないのだから（TIE§44）、スピノザも——リッカートとともに、——〈当為を仰ぐこと／価値との隔たり〉という同じ夢を見ていた。私たちが当為必然公準のかたちで当為を無視しえない所以は、ここに慥かに存しているのである。

　●凡例
　　　スピノザの著作の引用はStudia Spinozanaのcitation conventionsにしたがって表記する。下線は断りのない場合、原文がゲシュペルトであることを示す。

●注

1) スピノザ的汎神論の枠組みを意識しつつ、アプリオリに接近したのがコーヘンである。H. Holzhey, 2002, S.52-55. では「人類の理想たる当為＝アプリオリ」と存在との同一性、さらにその拠って来る人間と自然の同一性に言及している。

2) トレンデレンブルクは、スピノザ解釈を念頭に置きながら、プラトニズムを克服する途を探る。F. A. Trenderenburg 1855, S10-12, Vgl.S.21-22. 倫理学的アプリオリの追求でスピノザに出会ったものとして、F. Paulsen 1877年ベルリン大学夏学期ゼミ、A. Riehl 1879/80年グラーツ大学冬学期ゼミ、およびその1883/1884年フライブルク大学冬学期ゼミ等で『エチカ』がとり上げられている。Vgl. K. Ch. Köhnke 1986, S.605-607.

3) 後期になって使われる「価値実在」は、価値を形而上学的実体と捉える〈時代錯誤〉である。九鬼2019、54頁、注 (7).

4) □A→Ob Aは□A→Pe Aを含意するが対偶より〜Pe A→〜□AよってOb 〜A→◇〜Aということは、Ob P→◇PであるからOb A→◇Aと整合的。cf. Pe Aは、Aを許容。なおカント哲学とスピノザ哲学の様相論理学上の対立については、A. Chignell 2012.

5) 経験の二義性。知覚（感覚）という意味と学的認識という意味。九鬼2019、53頁以下.

6) これに関連して、リッカートのGE1への——アヴェナリウスからの——影響についての概括 (C. R. Kraus 2016, S.69.) を引いておこう。「①主客概念対は、内在的水準のうちにしかない「分轄」（シュパルトゥング）、内在的水準の二領域「分割」（シュニット）として理解される点が重要なこと。②心理－物理的関係は内在的水準の特定構成分間にのみ存すると言っていること。③心理－物理的関係と認識論的—普遍関係とを重ねることを、認識論に誤謬をもたらす第一の原因と宣告していること〔である〕」。この文脈で語られる投入作用は、——アヴェナリウスも批判するとおり、——認識論的には括弧に入れられなくてはなるまい (Vgl. GE1, S.45.)。リッカートの三つの〈主客〉の二分法が検討上の仮説であることはあまり理解されていない。

7) J. Hessen 2015 (←1919), S.17. では、神と人間の相関関係は、不可避的にスピノザ的汎神論に至るとする（書簡に依拠して、相関関係が神と人との弁証法的媒介に至らぬとするのはK. Löwith 1987 (←1972), S.344-45である）。コーヘンの宗教的共相関については、A.Poma 1994.

●文献

Avenarius, Richard Heinrich Ludwig: *Über die beiden ersten Phasen des Spinozischen Pantheismus und das Verhältniss der zweiten zur dritten Phase*, Leipzig: Eduard Avenarius, 1868.

Chignell, Andrew: "Kant, Real Possibility, and the Threat of Spinoza", *Mind*, Vol.121. 483. 2012, pp.635-675.

Cullity, Garrett: "Neutral and Relative Value", in; I. Hirose & J. Olson (eds.), *Oxford Handbook Of Value Theory*, Oxford University Press, 2015, pp.96-116.

Hessen, Johannes: *Die Religionsphilosophie des Neukantianismus*, London: FB&Ltd., 2015 (←1919).

Holzhey, Helmut: "Entzauberung des Pantheismus, Cohens Kritik an Hegels und Schellings Metaphysik", in; hrsg. von Detlev Pätzold / Christian Krijnen, *Der Neukantianismus und das Erbe des deutschen Idealismus: die philosophische Methode, Studien und Materialien zum Neu-kantianismus*, Würzburg: Königshausen & Neumann, Bd.19, 2002, S49-64.

加藤泰史「カントとスピノザ（主義）──スピノザ主義の哲学的挑戦と批判哲学の危機」、『思想』第1080号、2014、138-168頁.

Köhnke, Klaus Christian: *Entstehung und Aufstieg des Neukantianismus: die deutsche Universitäts-philosophie zwischen Idealismus und Positivismus*, Tübingen: J. C. B. Mohr. 1986.

Kraus, Chiara Russo: "Richard Avenarius' Einfluss in der ersten Ausgabe von *Der Gegenstand der Erkenntnis*", in; hrsg. von Anna Donise / Antonello Giugliano / Edoardo Massimilla, *Methodologie Erkenntnistheorie Wertphilosophie: Heinrich Rickert und seine Zeit, Studien und Materialien zum Neukantianismus*, Würzburg: Königshausen & Neumann, Bd. 37, 2016, S.63-72.

Kubalica, Tomaz: "Die Abbildtheorie bei Rickert und Cassirer", in; hrsg. von Christian Krijnen / Andrzej. J. Noras, *Marburg versus Südwestdeutchland — Philosophische Differenzen zwischen den beiden Hauptschulen des Neukantianismus, Studien und Materialien zum Neukantianismus*, Würzburg: Königshausen & Neumann, Bd.28, 2012, S.97-114.

九鬼一人「リッカートの〈しなやかな合理性〉──新カント学派と人間の総体性──」、『理想』第703号、2019、48-57頁.

Laas, Ernst: *Idealismus und Positivismus: eine kritische Auseinandersetzung*, Berlin: Weidmann, Bd.I, 1884.

Löwith, Karl: "Philosophie der Vernunft und Religion der Offenbarung in H. Cohens Religions-philosophie", in; hrsg. von H-L. Ollig, *Materialien zur Neukantianismus-Diskussion*, Darmstadt: Wissenschaftliche Buchgesellschaft, 1987 (←1972), S.328-361.

Natorp, Paul Gerhard: *Philosophie, ihr Problem und ihre Probleme: Einführung in den kritischen Idealismus, (Wege zur Philosophie, Ergänzungsreihe. Einführungen in die Philosophie der Gegenwart; Nr. 1)*, Göttingen: Vandenhoeck & Ruprecht, 1911.

Poma, Andea: "Die Korrelation in der Religionsphilosophie Hermann Cohens: eine Methode, mehr als eine Methode", in; hrsg. von Ernst Wolfgang Orth / Helmut Holzhey, *Neukantianismus: Perspektiven und Probleme, Studien und*

Materialien zum Neukantianismus, Würzburg: Königshausen & Neumann, Bd.1. 1994, S.343-365.

Rickert, Heinrich: *Spinozas Lehre vom Parallelismus der Attribute*, 1885-86. BLは紙片番号。

Rickert, Heinrich: *System der Philosophie, Erster Teil: Allgemeine Grundlegung der Philosophie*, Tübingen: J. C. B. Mohr, 1921.

Rickert, Heinrich: *Heinrich Rickert: Sämtliche Werke, Der Gegenstand der Erkenntnis*, hrsg. von R. A. Bast, Berlin/ Boston: de Gruyter, Bd.2/1, 2018. 1.Aufl., 1892.→略号GE1. ／2.Aufl., 1904.→略号GE2

Rickert, Heinrich: *Heinrich Rickert: Sämtliche Werke*, ebenda. hrsg. von R. A. Bast, Berlin/ Boston: de Gruyter, Bd. 2/2, 2018. 3.Aufl., 1915.→略号GE3.

Trendelenburg, Friedrich Adolf: Separat als Akademieabhandlung 1847, dann aufgenommen in: *Historische Beiträge zur Philosophie*, 2 Bd.: Vermischte Abhandlungen, Berlin: G. Bethge, 1855, S.1 30.

上野修「現実性をめぐって——スピノザの方から」、『アルケー』25号、2017、16-28頁．

Windelband, Wilhelm: "Zum Gedächtnis Spinozas", in; 1884, 1.Aufl., *Präludien: Aufsätze und Reden zur Einleitung in die Philosophie*, Freiburg &Tübingen: J. C. B. Mohr, 1884 (←1877), S.88-111.

Windelband, Wilhelm: "Sub specie aeternitatis", in; 1884, 1.Aufl., *Präludien: Aufsätze und Reden zur Einleitung in die Philosophie*, Freiburg &Tübingen: J. C. B. Mohr, 1884 (←1883), S.312-325.

Windelband, Wilhelm: "Das Heilige", in; 1919, 6.Aufl., *Präludien: Aufsätze und Reden zur Philosophie und ihrer Geschichte*, Tübingen: J. C. B. Mohr, Bd. II, 1919 (←1902), S.295-332.

ヴィンデルバント、ヴィルヘルム（豊川昇訳）『西洋近世哲學史』第二巻、創元社、1950-52.

The Destination of Truth: The Neo-Kantian school and Spinoza

KUKI Kazuto

The difference between Spinoza and Kant in regard to ontological character of the modality is depicted as:

(1) Spinoza's thesis $A \rightarrow \Box A$

(2) Kant's thesis $Ob\ A \rightarrow \Diamond A$

Kant's thesis implies that oughtness is the basis for the cognition of freedom, while Spinoza's thesis implies the necessity of being sub specie aeternitatis. Put A as "judging p" (p stands for a proposition), then the Neo-Kantian School (especially the Southwest German School) accepted oughtness-necessity-postulate (3) $\Box A \rightarrow Ob\ A$, along with freedom-postulate (2), for a limited range of judgements.

Windelband, by linking the Platonic cognitive necessity with the oughtness-necessity on making judgements, gave rise to the idea that "propositional values = validities" serve as standards of autonomous judgements, unique to the Southwest German School. Rickert, following this idea, considered the phenomena as the whole of judgments fitted to validities, and contemplated that the construction of the realities followed judgements. Considering that "taking a pro-attitude toward the proposition p" was equivalent to judging that "p coinciding with an objective value has validity," he bridged between decision-making emotionalism and non-naturalistic cognitivism. In response to such an immanent approach, he reached to a standpoint close to Avenarius, Laas, and Renouvie, by grasping constructed realities in a phenomenological manner. Phenomenalism, which was closely related to the Neo-Kantian school during this period, projected the Spinoza-like thinking to the Kantians' and inferred orders from given realities. In addition, the Neo-Kantian correlationists who were represented by Laas, Cohen, Rickert, and Natorp, pondered on the correlation of realities in an ontologically great chain of thinking (Spinoza !!).

This Spinoza-Rickert relevancy can also be verified by Rickert's essay on Spinoza's parallelism. His speculation in this essay assigned the value on which the epistemologically immanent was based, to the level of, if we follow the contemplative manner of Spinoza's, divine thinking, and assigned the existence of reality to the level of human thinking. From this perspective, one might have the impression that Rickert was too intimidated by human thinking, in comparison with Spinoza's being-necessity-postulate (1). However, like Rickert's understanding of necessary cognitive values, Spinoza's ideas were also within the range of Neo-Kantian oughtness-necessity-postulate (3), in which both regarded the oughtness-phenomena as a clue to solve the problem of necessity.

〈招待論文〉

一元論はどのようにして現代に蘇ったのか

小 山 虎

　現代哲学、とりわけ筆者が専門とする分析哲学においては、スピノザの名前[1]を聞くことは滅多にない。しかしその理由は単に、分析哲学が哲学史に無頓着であるというだけではない。たしかにそのような分析哲学のイメージは概ね間違いではないが、今世紀に入ってからはその様相は一変しているからだ。今日では、ヒューム、カント、ヘーゲル、アリストテレスといった哲学者に関しては、彼らの哲学に（少なくとも部分的には）基づく「〜主義」が定着しており、哲学史研究も並行して盛んにおこなわれるようになってきている。だが、残念ながらスピノザは、未だ彼らに並んでいるとは言い難い。少なくとも何の説明もなしに「スピノザ主義」という言葉を使うと、具体的に何を指しているかは伝わらないというのが現状である。

　しかし、あまたに細分化された分析哲学の各領域の中には、例外的にスピノザの存在感が目立っている分野がある。存在論だ。スピノザの名前は「一元論」という存在論的立場を代表する哲学者として当たり前のように使われており、*Spinoza on Monism*（Goff 2011）という分析哲学者とスピノザ研究者の双方が寄稿した論文集が編まれているほどである。

　このような特異な状況は、ジョナサン・シャファーの論文「一元論：全体の優位性（Monism: The Priority of the Whole）」（Schaffer 2010）と彼が執筆したスタンフォード哲学百科事典（Stanford Encyclopedia of Philosophy）の項目「一元論」（Schaffer 2018）によるところが大きい[2]。しかし、単に一人の哲学者の力で一元論が復活したのではないということはもっと留意されるべきだと思われる（そもそも分析哲学に限らず、哲学を含む現代のアカデミックな研究活動はどれも集団で行う営みであり、個人の力だけで大きな変化が生じることはほとんどない）。本稿では、一元論復活の背景である<u>クワイン型メタ存在論</u>と<u>メレオロジー</u>という二つの理論を概観し、そのもとで生じた問題と一元論がどのようにしてその問題を

解決できるかを確認することで、一元論復活の経緯を概観する[3]。

　本稿の大半は、現代の分析哲学における存在論でどのような理論が用いられているかの概略を示すことに費やされる。その目的は、単に歴史的経緯を説明することではなく、現代の一元論にはそのような理論的背景があり、それゆえにその射程には一定の制約がかかっていることを示すことである。スピノザの議論が現代の一元論に対してどの程度適用可能かを検討する際には、蘇った一元論がどのようなものかを特定する必要がある。本稿の目的は、現代の一元論が、上述のクワイン型メタ存在論とメレオロジーを前提して初めて理解可能なものであることを示すことである[4]。

　本題に入る前にもうひとつ注意を促しておきたいことがある。本稿で扱う一元論は、厳密にはシャファー本人が擁護する一元論とは異なる。本稿で目指されるのはシャファーの立場や議論を紹介することではなく、存在論に携わる多くの現代の分析哲学者にとって一元論がどのようなものとして登場したかである。

1　クワイン的メタ存在論

　現代の分析哲学における存在論を理解する上で外すことができないのが、メタ存在論 (metaontology) である。メタ存在論とは、存在論的探求のためのフレームワークのことであり、存在すると言えるための基準を提供するものである。すなわち、存在論が「何が存在するのか」という問いに関わる分野や理論であるとするならば、メタ存在論は、「存在論的問いによってどういうことが問われているのか」という問いに関わる分野ないし理論である[5]。

　以上の特徴づけからただちにわかるかもしれないが、存在論、すなわち、何が存在するか、の内実は、メタ存在論のレベルでどのような理論を採用するかに依存する。表面上は同じ問いであっても、その問いを表す文で用いられている言葉の意味や用法が異なっているのであれば、それは異なる問いである。言葉の意味が同じであっても聞き手の意図が異なるのであれば、やはり異なる問いだと考えてよいだろう。メタ存在論とは、こうした多義性が生じないための基準に関する理論である。

　具体的に述べよう。現代の分析哲学におけるメタ存在論で、長らくデフォル

ト理論の地位を占めていたのが、クワイン的メタ存在論 (Quinean metaontology) である[6]。クワイン的メタ存在論は、おおまかには、以下の四つの特徴を持つ (cf. van Inwagen 1998)。

1. 規格化された (regimented) 言語を用いる。すなわち、言葉のふるまいが（少なくとも必要な範囲で) 論理学と同様に定義されている。

2. 一階の述語論理を用いる。すなわち、言語表現として「かつ (&)」、「または (∨)」、「もし〜ならば (→)」(条件文)、そして否定を意味する「〜でない (¬)」を表す論理結合子と、「すべての〜」(∀) と「ある〜 (∃)」を表す量化子（前者は全称量化子、後者は存在量化子と呼ばれる) を含み、これらの表現を含む文の真理値がどのように決まるかが定義されている（これは真理定義と呼ばれる)。

3. 薄い存在概念を採用する。すなわち、存在概念には、存在量化子を用いて表される以上の内容はない。

4. 存在概念は一義的である。すなわち、存在量化子を用いて表される存在概念以外に存在概念はない。

　上記四つの特徴から、クワイン型メタ存在論のもとでなんらか対象の存在について語るためには、一階の述語論理を含む規格化された言語を用いて、存在量化子を含む文の形で表現することになる。そして、その文の真理値は真理定義に基づいて判定される。つまり、何が存在するかを語る際は、厳格に定義された言語における文が用いられ、問題の対象が存在するかどうかも、その文の真理値を定めた定義が参照される。これは、存在概念を論理学の道具を用いて、Carnap 1947 の意味で「解明 (explicate)」していると考えることができる。
　クワイン型存在論についての理解を深めるには、具体例を用いるのがいいだろう。まず、次の文(1)は、(1a)のように規格化することができる[7]。

(1) 幽霊は存在しない。
(1a)¬∃x (xは幽霊である)

ここでは論理記号の厳密な意味を気にする必要はない。ポイントは、(1a)では、「xは幽霊である」と存在量化子 (∃) と否定記号 (¬) の組み合わせで、(1)が表現されているという点である。カッコの外側の部分 (¬∃x) を右からから読めば「x・存在・しない」であり、カッコの内側が「xは幽霊である」なのだから、(1a)の全体で「幽霊であるようなxは存在しない」ということが表されていることが理解できるだろう。

　別の例を挙げよう。次の(2)は同様に(2a)のように規格化しうる。

(2)　庭には二羽ニワトリがいる。
(2a) ∃x∃y ((xは庭にいるニワトリである) & (yは庭にいるニワトリである) & (x ≠ y))

(2a)の「xは庭にいるニワトリである」が登場するのは、(1a)の「xは幽霊である」と同様である。注意する必要があるのは、(2a)はxだけでなくyも登場している点である。もしyに関する部分がまったくなかったならば (つまり、「∃x (xは庭にいるニワトリである)」だったならば)、これが(1a)と同様に「庭にいるニワトリであるようなxがいる」ということを表すということは問題ないだろう。yが登場することのポイントは、最後の「x ≠ y」である。要するに、(2a)では、「庭にいるニワトリであるようなxがいる」と「庭にいるニワトリであるようなyがいる」と「x ≠ y」という三つのことが表されているのである。この三つを合わせると、「xは庭にいるニワトリであり、yも庭にいるニワトリだが、x = yではない」ということになる。すなわち、庭にはxというニワトリだけでなく、yという別のニワトリもいるわけだから、(2a)は庭には二羽ニワトリがいるということを表しているのである。「存在する・しない」や「いる・いない」に関する文は、このようにして規格化できる。そして、このような存在量化子 (∃) を用いて表現できる以外に存在概念はないのだから、これ以外の方法で何かが存在するかどうかについて語ることもできないのである。

　しかし、このような規格化そのものは、クワイン型存在論にとってそれほど本質的ではない (どちらかと言えば、まともな存在論にとってなんらかの規格化は不可欠であり、クワイン型メタ存在論ではこのような方法で規格化しているということにすぎない)。むしろ重要なのは真理定義である。

　クワイン型メタ存在論で利用される真理定義は「タルスキ型真理定義 (Tar-skian truth definition)」と呼ばれるものであり、これを適切に理解するとは、論理学で「モデル論的意味論 (model theoretic semantics)」と呼ばれる理論を理解することにほかならない。ここでは最低限の理解で済ませよう。押さえておく必要があるのは、量化子には「量化のドメイン (domain of quantification)」と呼ばれる集合が伴い、真理値もこの「ドメイン」によって定義されるという点である。具体的には、次の(3)はそうした定義のひとつである。

(3)　「∃x (xはFである)」が真←→ドメインの中にFであるものがひとつでも
　　　含まれているとき (そうでなければ偽)

　これは存在量化子を含む文の真理定義を表したものである。もう少し詳しく見ていこう。まず、「∃x (xはFである)」は「Fは存在する」や「Fがいる」を規格化したものである。(3)はこれが真、つまり、Fは存在すると主張したときにそれが正しい主張となる条件を示している。すなわち、「ドメインの中にFであるものがひとつでも含まれているとき」である (Fがひとつもなければ正しい主張にならない。よって偽となる)。要するに、存在するという主張が正しいかどうかは、ドメインの中にそれがひとつでもあるかどうかにかかっているのである。
　理解を深めるために、また具体例を用いることにしよう。ドメインが日本中の動物を集めた集合だとすると、次の(4)は真である。

(4)　ネコがいる。

これまでに見たように、(4)は「∃x (xはネコである)」というように規格化できる。そして(3)で述べられているように、この文が真なのは、ドメイン (日本中の動物の集合) の中にネコであるものがひとつ (一匹) でも含まれているときである。もちろん日本中の動物を集めた集合の中には、お向かいで飼われている子猫のシロも含まれているはずである。よって真となる。
　こうした真理値の判定は、ニワトリやネコが登場する日常的な文に限られる

わけではないということには注意して欲しい。次の(5)は数学に関する文であるが、同様に真理値を判定できる。

(5)　9と51の公約数が存在する。

この文はドメインが自然数を含む集合であるならば真である（9と51の公約数の3がドメインに含まれているからである）。また、例えば「7と51の公約数が存在する」は偽である（7と51の公約数は存在しない）。

　(4)と(5)では異なるドメインを想定していたことに注意して欲しい。存在について語る際には、どのようなドメインを考えるかで答えが変わってくるのである。もし自然数の集合がドメインであれば(4)は偽であり、動物の集合がドメインであれば(5)は偽である。たとえ文の意味が変わっていなくても、異なるドメインで考えれば、何かの存在に関する文の真偽も変わりうる。逆に言えば、何かの存在に関する文の真偽がわかれば、ドメインの方にもそれに対応するものが含まれていることになる。そして、クワイン的メタ存在論では、ドメインのことを「存在論 (ontology)」と呼ぶ。つまり、クワイン的メタ存在論のもとでは、存在論的探求とは、「〜が存在する」というタイプの文の真理値を明らかにすることを通じて、「ドメイン」と呼ばれる集合に何が含まれているかを特定する営みとして特徴づけられるのである。「存在論」という同じ言葉が用いられており、その目指すところ（「何が存在するのか」の探求）が同じであっても、それ以前の哲学とはかなり異なることが念頭に置かれているという点は注意が必要である。

　また、クワイン型メタ存在論は、論理学を用いて存在概念を「解明」した上で、それに基づいて存在論的探求のためのフレームワークを与えている。こうした手法は、「解明」という観点で言えば、前述のカルナップやその師であるフレーゲを受け継ぐものであり、加えて、タルスキの真理定義を利用しているという点で、過去の分析哲学の成果を踏まえたものになっていると言えるだろう。

2　メレオロジー

　現代の分析哲学における存在論で標準的に用いられるもうひとつの理論が、メレオロジー（mereology）である。メレオロジーとは、部分全体関係（何かが何かの部分であるという関係）についての形式的理論である（メレオロジーという名称も、部分を意味するギリシャ語に由来する）。二十世紀前半に活躍したポーランドの論理学者レシニエフスキ（Leśniewski）が考案したものであり、英語圏ではLeonard & Goodman 1940を通じて広まった。

　メレオロジーは、その聞きなれない名称がイメージさせるほどには特殊な理論ではない。実のところ、一階の述語論理に部分全体関係を表す特別な述語をひとつ追加しただけのものである。ただし、追加された述語が通常の述語とはどのように異なっているかを定める追加の規則として何を採用するかによって様々なメレオロジー体系が得られる[8]。ここでは、標準的なメレオロジー体系である一般外延メレオロジー（General Extensional Mereology; GEM）を用いて話を進める[9]。

　メレオロジーがどのようなものかを理解するためのポイントは、部分全体関係には「論理」があり、メレオロジーはこれを表現したものであるという点である。まず、部分全体関係には推移性が成り立つということがある（ただし、日常生活で「部分」という言葉が使われるときに必ず成り立つわけではないことには注意されたい）。例えば、パソコンの部分のひとつにキーボードがあり、キーボードの部分として「Z」や「X」や「1」などの個々のキーがある。このとき、これらのキーはキーボードの部分であることに加えて、そのキーボードを部分として持つパソコンの部分でもある。つまり、AがBの部分であり、BがCの部分であるとき、AはCの部分でもある。これが推移性であり、次のように規格化できる（「Pxy」はxがyの部分であることを表すとする）。

(6)　(Pxy&Pyz) → Pxz

　部分全体関係には、推移性だけでなく反対称性（anti-symmetry）も成り立つことがある。例えば、キーボードがパソコンの部分であるならば、その逆、す

なわち、パソコンがキーボードの部分であるということはない (パソコンとキーボードが実は同一ということがない限りは)。つまり、AとBが同一でないとすると、AがBの部分であるときはBがAの部分であることはない。これが反対称性であり、次のように規格化できる。

(7)　$x \neq y \rightarrow \neg (Pxy \& Pyx)$

　通常の一階の述語論理に部分全体関係を表す述語として上記の推移性と反対称性が成り立つものを追加すれば、ひとつのメレオロジー体系ができあがる (ただし、一般外延メレオロジーにまで至るには推移性と反対称性だけでなく、もっと複雑な規則性が必要である)。部分全体関係に関して推移性や反対称性が必ず成り立つかどうかは議論の余地がおおいにある。しかし、クワイン的メタ存在論が存在概念の解明になっていると考えられるのと同じように、メレオロジーも部分という概念の解明になっていると考えることが許されるだろう。

　部分全体関係を特殊な述語として一階の述語論理に導入すれば、部分全体関係と関連する他の概念を定義することが可能になる。一例を挙げると、「重複 (overlap)」という関係は、一方の部分であり、かつもう一方の部分でもあるようなものが存在するというように定義できる (規格化すれば、$Oxy =_{df} \exists z (Pzx \& Pzy)$)。

　このように単になんらかの規則性を持つ述語をひとつ追加するだけでメレオロジーの体系が得られるのだが、その意義は応用にある。まず、空間的な部分全体関係に限れば、推移性と反対称性が成り立つ (さらにはGEMで成り立つとされる他の規則性も成り立つ)。例えば、山口市は山口県の部分であり、山口県は中国地方の部分である。そして山口市は当然中国地方の部分である。あるいは、いま私がいる部屋はこのビルの二階の部分であり、ビルの二階はビル全体の部分である。そして、この部屋はビル全体の部分である (以上、推移性の例)。加えて、山口市が山口県の部分であるならば、山口県が山口市の部分であることはなく、ビルの二階がビル全体の部分ならば、ビル全体がビルの二階の部分であることもない (以上、反対称性の例)。

　哲学的観点から見てより興味深いのは、時間的部分も同様にメレオロジーで

表現できることである。時間と空間は日常的な体験としてはまったく異なるものであるが、物理学の世界では「時空」という一体のものだということがわかっている。よって、時間に関しても時間と同様の部分全体関係が成り立つことが期待され、じっさい明らかに成り立つケースがある。例えば、サッカーの試合には前半と後半がある。前半と後半が重複することはないが、なぜなら前半の部分であり、かつ後半の部分でもあるような時点がないからである（前述の「重複」の定義と比較されたい）。また、試合開始からの15分間は前半の部分であるが、前半は試合開始からの15分間の部分ではない（反対称性）。

　もうひとつ、特に形而上学に関する興味深い例を挙げよう。可能世界（possible world）という概念は、必然性や可能性の「解明」に用いることができる。例えば、あることの発生が必然的であるということは、すべての可能世界でそれが発生しているとして定義できる。逆にそれが可能であるということは、それが発生している可能世界があるということとして定義できる。[10]

　ただし、可能世界そのものにこうした定義を与えることは容易ではない。だが、Lewis 1986では、可能世界がメレオロジーを用いて定義されている。おおまかに言うとその定義では、ある対象となんらかの時空的関係が成り立つ対象（空間的に横に位置しているとか、時間的に前に位置しているとか）をすべて部分として持ち、かつそれ以外には部分を持たないものが、その対象のいる可能世界として定義されている。要するに、メレオロジーは、定義が困難な概念を定義できる手段を提供してくれるのである。

　メレオロジーの意義は、様相論理と比較するとわかりやすいかもしれない。一階の述語論理はそれまでの命題論理に量化子を追加したものだが、それにより存在概念（だけではないが）の「解明」が可能になったと考えることができる。様相論理は一階の述語論理に様相演算子を追加したものである。これによって必然性や可能性の「解明」が可能になったと考えてもよいだろう。そしてメレオロジーは、一階の述語論理に様相演算子ではなく部分全体関係を表す述語を追加したものであり、これによって部分全体関係の「解明」が与えられたと考えることができるだろう。

解明された概念	論理体系	構成要素
存在	一階の述語論理	命題論理＋量化子
必然性・可能性	様相論理	一階の述語論理＋様相演算子
部分・全体	メレオロジー	一階の述語論理＋部分全体関係

3　メレオロジーから一元論へ

　前節までで二つの理論（クワイン型メタ存在論とメレオロジー）の概略を示した
が、一元論復活の経緯にはこの二つの理論から生じる問題が関わっている。

　GEMには「無制限構成（unrestricted composition）の原理」と呼ばれる原理が
ある。これは、任意の対象の集まりについて、そのすべてを部分とする対象が
存在することを保証する原理である。無制限構成の原理によれば、例えば、エ
リザベス女王のダンス用ハイヒールの片方と月を部分とする対象も存在するこ
とになる。もちろんこの対象がどういうものかは見当もつかないが、それより
も問題視されていたのは、無制限構成の原理により、こうした新たな見慣れな
い対象が導入されるという点である。

　前節でメレオロジーは部分全体関係の「論理」を表現したものだと述べたが、
クワイン的メタ存在論とともに広く受け入れられていた考えとして、「存在者
を増やすものは論理ではない」というものがある。[11]この考えすると、対象を集
めるだけで新たな対象の存在が保証されてしまうメレオロジーは論理ではない
ことになってしまう。論理のように存在者を増やさないものは「存在論的に無
垢（ontologically innocent）である」[12]と言われる。つまり、メレオロジーは存在論
的に無垢でないのである。

　メレオロジーの存在論的無垢性を守るためのひとつの方法が、「存在論的依
存（ontological dependence）」という概念に訴えることである。[13]要するに、靴の
片方と月を部分とする対象は、一見したところ新たに増えた対象のように見え
るが、実は全体はその部分（この場合はエリザベス女王の靴の片方と月）の存在な
しにはありえない。このように、全体は部分なしに存在することができない、
すなわち、部分に存在論的に依存している。よって、本来の意味では存在して

いないとするのである。¹⁴⁾

　存在論的依存がどれほど正当な概念かはさておき、存在論的依存に訴えたことで新たな問題が発生する。部分のどれにもさらなる部分があり、そうした部分にもさらなる部分があり、これが永遠に終わらないような対象を考えよう。このような対象は「ガンク（gunk）」と呼ばれる。ガンクは「原子を持たないネバネバ」とも訳される。¹⁵⁾要するに、ガンクはいくらでも分割可能であるがゆえに、最終的な構成要素（以下、「原子」と呼ぶ）がないのである。

　ガンクが存在論的依存に対してもたらす問題は、もし全体が必ずその部分に存在論的に依存するのであれば、ガンクもその部分に存在論的に依存していることになるが、そうした部分はそのまた部分に存在論的に依存しているはずである。だが、ガンクはその定義上、こうした存在論的依存の連鎖が無限に続くため、すべてが依存しているはずの原子が存在しない。ということは、ガンクが存在することは不可能になってしまう。上述のように、存在論的に依存しているものとは、依存先が存在しない限り存在できないもののことだからである。だが、どうしてガンクの存在は少なくとも原理的には可能であるべきではないだろうか。存在論的依存が成立しているとするとガンクが存在できなくなるのであれば、否定されるのはガンクの存在ではなく、存在論的依存の正当性ではないだろうか。

　ガンクがもたらすこの問題を解決する方法として、まず、メレオロジーを完全に否定するということが考えられる。メレオロジーを完全に否定するとは、部分全体関係が成り立つことは一切ないとすることである。この場合、メレオロジーの意義は失われる（部分全体関係が成り立つことが一切ないのであれば、わざわざそれを表すための述語を追加してメレオロジーにする必要もない）。ただし、この場合、何が存在するのかという問題が残る。すぐに考えつく答えは、原子だけが存在するというものである。この答えは一見したところ特に反直観的ということもなく、満足のいくものであるように見える。

　ここでライバルとして登場するのが一元論である。部分全体関係が一切成り立たないとしたとき、最小の存在である原子だけが存在するという答えが許されるのであれば、最大の存在であるすべての対象を部分とする全体（これは可能世界の定義と類似したものであることに注意されたい）だけが存在するという答え

も許されてよいだろう。少なくとも、究極の部分だけが存在するという主張と、究極の全体だけが存在するという主張は同等であるように見える。それだけでなく、究極の部分は無数にあることと予想されるが、究極の全体はひとつである。すると、後者の方が存在論としては極めてシンプルである（ドメインのことを存在論とするクワイン的メタ存在論のもとでは、前者は無限の要素を含む集合であるのに対し、後者はたったひとつの要素しか含まない集合である[16]）。他の点で特に劣っていることがないのであれば、後者、すなわち一元論を選ぶべきではないだろうか。

　ガンクがもたらすこの問題を解決するためにメレオロジーを否定するのは本末転倒ではないかと思われるかもしれない。素晴らしいことに、メレオロジーを否定することなく、ガンクも存在論的依存も維持する方法がある。それは、存在論的依存を全体が部分に依存するのではなく、部分の方が全体に依存するとすることである（要するに、依存の向きをひっくり返すのである）。この場合、靴の片方と月は両者を部分とする全体に存在論的に依存することになるが、ガンクが問題を生じさせることはない。そしてこの場合、すべての対象がそれらすべてを部分とする、ただひとつの究極の全体に存在論的に依存することになる[17]。こうした究極の全体を認めることこそ、Schaffer 2018 で「優先性一元論（priority monism）」と呼ばれる立場にほかならない。

4　まとめ

　以上の議論をまとめよう。一元論は、クワイン的メタ存在論とメレオロジーという二つの理論を背景にしており、メレオロジーの存在論的無垢性を守るために導入された、クワイン的メタ存在論を（部分的に）否定する存在論的依存の問題点であるガンクの問題を解決する立場として位置付けられる。本稿の冒頭でも述べたように、これはシャファー本人の立場とは多少異なる。しかし、存在論に携わる主流の哲学者にとってみれば、クワイン型メタ存在論とメレオロジーを最小限の変更で維持することができる立場として、優先性一元論は無視できないものとして映ったのである[18]。

●注

1) 「分析哲学」ということで何を意味するかは近年大きく揺らいでいるが、ここではアメリカやイギリス、オーストラリア等の英語圏で二十世紀以降に主流となった哲学、という理解で十分である。むしろ「現代の」という点に注意されたい（すなわち、ラッセルやウィトゲンシュタイン、クワインらよりも、クリプキやルイスの影響が強い哲学者を念頭に置いている）。

2) ただし、本項目の初版は2007年であり、内容が現行のものよりかなり乏しいものであったことに注意されたい。シャファーは2007年に一元論について別の論文（Schaffer 2007）も書いており、この頃から専門家の間でシャファーによる一元論擁護が広まっていったものと思われる。筆者がシャファーの議論のことを知ったのも2006年に本人のウェブサイトでSchaffer 2007のドラフトを読んだ時である。

3) 本稿では紙幅の都合で論じることができないが、クワイン型存在論とメレオロジーは分析哲学における存在論の異なる伝統に対応する。前者はフレーゲまで遡るものであり、広く知られているが、後者はポーランドのアリストテレス主義的実在論に由来し、タルスキによって分析哲学にもたらされた。さらにもう一つ、プラグマティズムで知られるウィリアム・ジェイムズに由来する多元論的実在論の伝統もあり、シャファーの議論はジェイムズとその同僚である観念論哲学者ジョサイア・ロイスの間でおこなわれた一元論論争の復活にもなっている。

4) このことの帰結の一つは、スピノザの議論を現代の一元論に適用しようとするならば、（特に無限分割に関しては）メレオロジー的観点からの特徴付けが不可欠だということである。

5) この特徴づけはChalmers 2009, p.77に基づく。また、倉田2017、32頁も見よ。

6) メタ存在論という見方が定着するまでは、「存在論的コミットメントの基準（criteria of ontological commitment）」という用語で語られることが一般的であり、クワイン型メタ存在論も、Quine 1948の「存在するとは、束縛変更の値となることである（To be is to be the value of a bound variable）」というフレーズとともに、クワイン型存在論的コミットメントの基準と認識されていた。存在論的コミットメントの基準とクワイン型メタ存在論の関係については、倉田2017、39-43頁を見よ。

7) こうした規格化は「パラフレーズ」と呼ばれる。存在論の手法としてのパラフレーズとその問題点については、柏端2017、14-22頁や倉田2017、44-49頁を見よ

8) このことは、様相論理が一階の述語論理に様相演算子を追加したものであり、様相演算子がどのように働くかを定める規則として何を採用するかによって様々な様相論理体系が得られるのと同様である。

9) 様々なメレオロジー体系の詳細については、Varzi 2019を見よ。

10) このように可能世界によって必然性や可能性を定義して様相論理の真理定義を与える理論が可能世界意味論である。

11) こうした論理観を支持する哲学者としては、論理は世界について何も語らないと

いう『論理哲学論考』（Wittgenstein 1922）のウィトゲンシュタインが思い浮かぶかもしれないが、カント（の一般論理学）もそうである（cf. Hofwever 2018, 4.2）。ただし、こうした論理観が唯一ではないことに注意されたい。論理と存在論の関係については、Hofwever 2018を見よ。

12) 訳語のせいでわかりにくいが、この表現は「存在論的コミットメント（ontological commitment）」と対になっている。英語の「commit」には「罪を犯す」という意味があり、「innocent」には「無罪である」という意味があることを思い起こしてもらいたい。

13) 別の方法として、同一性としての構成（composition as identity）テーゼに訴えるというものがある。むしろ論争史的にはこちらの方法が中心であり、存在論的依存に直接的に訴える議論は筆者の知る限り存在しない。本章で存在論的依存の方に注目するのは、単に説明が簡潔になるからである。このテーゼをめぐる様々な論点については、Cotnoir & Baxter 2014を見よ。

14) 気づいた読者もいると思われるが、これはクワイン的メタ存在論を否定することを必要とする（具体的には、3の薄い存在概念（存在量化子によって表現される存在概念）を否定するか、4の存在概念の一義性を否定するかのいずれか）。つまり、この方法は、メレオロジーの存在論的無垢性を守るためにクワイン型メタ存在論を犠牲にしていると言える。

15) 元の英語は「不快なしつこい汚れ」という意味だが、元々は洗剤の商品名に由来するそうであり、2020年現在でも同名の商品が存在する。

16) 「よりシンプルな存在論を選ぶべきだ」という指針は、「オッカムの剃刀」と呼ばれるが、現代の存在論では「存在論的倹約性（ontological parsimony）」と呼ばれており、広く受け入れられている。倉田2017、52-58頁を見よ（ただし、そこでは「単純性」という用語が採用されている）。

17) GEMで、すべての対象を部分とする全体がただひとつだけ存在するということが定理として成り立つことが、こうした見解を後押ししている。ただし、メレオロジー体系の中にはそれが成り立たないものもあることには注意されたい。

18) 本稿は、2017年12月16日に開催されたスピノザ協会第66回研究会における報告「一元論はどのようにして現代に蘇ったのか：現代存在論とその起源の複数性」に基づいている。貴重な機会を与えていただいただけでなく、実り豊かな議論をしていただいた当日の聴衆に深く感謝する。

● 参考文献

Carnap, Rudolf: *Meaning and Necessity*, University of Chicago Press, 1947. （ルドルフ・カルナップ（永井成男）『意味と必然性』、紀伊國屋書店、1999年）

Chalmers, David J.: "Ontological Anti-realism," In David J. Chalmers, David Manley & Ryan Wasserman (eds.), *Metametaphysics: New Essays on the Foundations of Ontology*, Oxford University Press, 2009.

Cotnoir, A. J., & Baxter, Donald L. M. (eds.) : *Composition as Identity,* Oxford University Press, 2014.

Goff, Philip (ed.) : *Spinoza on Monism,* Palgrave, 2011.

Hofweber, Thomas: "Logic and Ontology," in Edward N. Zalta (ed.) , *The Stanford Encyclopedia of Philosophy* (*Summer 2018 Edition*), URL = <https://plato.stanford.edu/archives/sum2018/entries/logic-ontology/>, 2018.

柏端達也『現代形而上学入門』、勁草書房、2017年.

倉田剛『現代存在論講義 I：ファンダメンタルズ』、新曜社、2017年.

Leonard, Henry S., & Goodman, Nelson: "The Calculus of Individuals and Its Uses," *Journal of Symbolic Logic,* 5 (2) , 45-55, 1940.

Lewis, David K.: *On the Plurality of Worlds,* Blackwell, 1986. (デイヴィッド・ルイス (出口康夫 (監訳)、佐金武、小山虎、海田大輔、山口尚)『世界の複数性について』、名古屋大学出版会、2016年)

Quine, Willard Van Orman: "On What There Is," *Review of Metaphysics,* 2 (1) , 21-38, 1948. (W.V.O. クワイン (飯田隆)「なにがあるのかについて」、『論理的観点から：論理と哲学をめぐる九章』所収、勁草書房、1992年)

Schaffer, Jonathan: "From Nihilism to Monism," *Australasian Journal of Philosophy,* 85, 175-191, 2007.

―: "Monism: The Priority of the Whole," *Philosophical Review,* 119, 31-76, 2010.

―: "Monism," Edward N. Zalta (ed.) , *The Stanford Encyclopedia of Philosophy* (*Winter 2018 Edition*) , URL = <https://plato.stanford.edu/archives/win2018/entries/monism/>, 2018.

van Inwagen, Peter: "Meta-ontology," *Erkenntnis,* 48 (2-3) , 233-250, 1998.

Varzi, Achille: "Mereology" , in Edward N. Zalta (ed.) , *The Stanford Encyclopedia of Philosophy* (*Spring 2019 Edition*) , URL = <https://plato.stanford.edu/archives/spr2019/entries/mereology/>, 2019.

Wittgenstein, Ludwig: *Tractatus Logico-Philosophicus,* Dover Publishing, 1922. (ウィトゲンシュタイン (奥雅博)『ウィトゲンシュタイン全集1　論理哲学論考』、大修館書店、1975年)

On How Monism Has Revived in Our Times

KOYAMA Tora

In analytic philosophy, Spinoza is rarely discussed in contrast to other great figures in the history of philosophy, such as Hume, Kant, Hegel, and Aristotle. Ontology is an exception because the ontological doctrine of monism, which has been connected to Spinoza, was revived recently primarily by Jonathan Schaffer's paper "Monism: The Priority of the Whole." This paper outlines how monism has revived, particularly focusing on two theories in the background of the course of revival: Quinean metaontology and mereology. The aim is to show that the revived monism should be characterized in terms of the two theories. Consequently, if Spinoza scholars try to examine the revived doctrine from the Spinozian perspective, Spinozian doctrine should be similarly characterized in terms of the two theories.

〈招待論文〉

ヘルダーとスピノザ

吉 田 　達

　ご紹介にあずかりました吉田達です。本日はスピノザ協会にお招きいただきまして、誠に光栄に存じます。昨年、ヘルダー（Johann Gottfried Herder）の『神　スピノザをめぐる対話』（法政大学出版局）の日本語訳を出した翻訳者ということで、お招きにあずかったものと理解しております。

　最初から恐縮ですが、お断りをしておかなければなりません。『神』の翻訳は、私にとってはじつに楽しい仕事でしたが、翻訳を終えたあとも、解ききれない疑問がのこっています。翻訳者というのは著者の分身のように見られがちですが、私自身はむしろ読者のひとりとしてこの場にいるというのが正直なところです。ということで、本日は『神』の訳者解説や訳註に書ききれなかったことを中心にお話しますが、それらはあくまでも「読者のひとりとしてこのように考えるが、皆さんのお考えはどうだろうか」という「問いかけ」として受けとめていただき、ぜひともご教示をいただけましたら幸いです。お話は、「1　ヘルダーとスピノザの出会い」、「2　ヘルダーにおけるヒュームとスピノザの合流？」、「3　『神』のヘルダーはどこでスピノザから一線を画するのか？」という順番で進めます。

1　ヘルダーとスピノザの出会い

　最初に、そもそもヘルダーはどのようにスピノザに接近したのかについて触れておきます。この問題については、マイケル・フォアスターが「ヘルダーとスピノザ」という論文[1]で、ヘルダーのスピノザ受容の過程を追跡しております。ただ、彼の論点をすべて紹介していますと時間が足りなくなりますので、一部をかいつまんで紹介し、コメントするにとどめます。

　フォアスターは、ヘルダーがスピノザとかかわるのは1768年から69年にか
けてであると推測しています。じつはこれは事実誤認でして、1765年にヘル
ダーはすでにスピノザに言及しています。しかし、それはすこしあとでお話し
することにしましょう。フォアスターの論文で興味ぶかいのは、『エティカ』
だけでなく『神学・政治論』もこの1768年から69年にかけての時期にヘルダ
ーの関心を惹いていたことを指摘し、ヘルダーと『神学・政治論』の出会いの
ようすを跡づけている点です。

　まず、1768年4月のハーマン宛ての手紙でヘルダーは、旧約聖書の最初の5
巻（いわゆるモーセ五書）がモーセによって書かれたものだという通説を否定し、
さらに旧約聖書のアレゴリカルな解釈も退けます。前者は『神学・政治論』の
第8章に出てくる話ですね。後者は同書の第7章でスピノザが「神は火であ
る」というモーセの発言を「文字通りの意味から遠ざかるのは最小限に止め」
ながら解釈して、これはつまり「神は妬む者である」というのと同じ意味だと
述べていることに対応するものと思われます。

　つぎに同年8月のニコライ宛ての手紙では、ヘルダーは18世紀ドイツの「も
っとも悪名高いスピノザ主義者[2]」だったエーデルマン（Johann Christian Edel-
mann）の草稿を、当時のヘルダーと同じくリガに住んでいる学者のために入手
できないかという趣旨のことを書いています。フォアスターの受け売りをしま
すと、エーデルマンというのはスピノザ主義者として、「聖書解釈の過激な原
則についても過激な政治思想についても『神学・政治論』の追随者」だったよ
うです[3]。エーデルマンの草稿を入手するのは他人の依頼のせいだというのは口
実であり、スピノザの著作やその信奉者にかかわることは危険であることをヘ
ルダーはわかっていたのだ、というのがフォアスターの見立てです。これはた
しかにそのとおりでしょう。ちなみに、ニコライからの返事（1768年11月26日
付）はどうだったかといいますと、長い手紙の末尾にようやくエーデルマンの
話が出てきまして、自分はエーデルマンのことはなにも知らないし、彼の草稿
がいまも残っているとはほとんど思えない、エーデルマンは1754年以降、信
奉者の世話になって無為に暮らしているだけだ、とそっけなく書いてあるだけ
です[4]。どうやらニコライとしては、面倒な話はごめんだと言ったそうです。

　さらに1770年の「東方の古代研究のための断章」でヘルダーは旧約聖書解

釈の文脈で明確に『神学・政治論』を典拠にしています。旧約聖書の「創世記」　第6章に出てくる「神々の息子たち（ヘルダーのドイツ語では die Göttersöhne)」という表現を取りあげて、このように呼ばれる人びとはべつに信仰が篤いのではなく、オリエントの言葉では力がある人間をこのように呼ぶという話をし、そこに註をつけて『神学・政治論』の10ページが典拠として挙がっているのですね (SWS. 6: 109)。私はヘルダーが参照したのと同じ版本は見られませんでしたが、内容からして、これは同書第一章「預言について」のアッカーマンの段落番号──吉田量彦先生の訳された『神学・政治論』では「節番号」として扱われております（『神学・政治論（上）』光文社電子書店・Kindle版、2014年、凡例参照）──で「二十四」に該当する箇所だと思います。

　フォアスターによれば、この1770年の1月から2月にかけてヘルダーはアムステルダムを含むオランダを旅し、その地で政治哲学の論文を書こうとしていたようです。オランダでヘルダーがスピノザのことを考えなかったはずがないわけで、これもたいへんおもしろい事実だと思います。同じ年の後半にはヘルダーはシュトラスブルク（現在のフランスのストラスブール）に滞在し、そこで若き日のゲーテと出会うのですが、いまはこの話には立ち入りません。ともあれ、『神学・政治論』は『神』でも「第1の対話」でとりあげられていまして、その背景にあるヘルダーとスピノザのかかわりを垣間見せてくれる点で、フォアスターの以上のような指摘は興味ぶかいものです。

　しかし、ヘルダーの『神』との関連で重要なのは、やはり『エティカ』とのかかわりです。さきにのべたようにヘルダーのスピノザについての、それもおそらくは『エティカ』についての言及はすでに1765年にはじまっていまして、「哲学はどうすれば民族のためにもっと普遍的でもっと有用になれるのか」という草稿にみられます。ヨーロッパ近代において神学と数学は敵対関係にあったという指摘のあと、こんなふうに書いてあります。

　「もっと非力な哲学は数学からもっともらしい外見や歩みや表現を借用し、そうこうするうちにまさにおのれの精神を失ってしまった。個々の人物においてさえ、哲学の精神は〔数学とは〕まるで協調しようがなかった。スピノザとデカルトにおいて、哲学は不幸な仮定からなる織物となった。ライプニッ

ツはまだしも幸福な詩を歌った。考案者〔ライプニッツ〕の偉大なスポークス
マンであるヴォルフは、哲学に数学的な戦闘態勢と合言葉をあたえた。それ
はどのような幸運のおかげであったのか──この点について判定することは、
私の目標からそれてしまう」(FHA. 1: 106)。

いかにもあら削りな書きかたですが、ライプニッツを詩人になぞらえる話は
『神』にも出てきますし、スピノザとデカルト──ヘルダーがこの順番で並べ
た意図は測りかねます──において哲学が「不幸な仮定からなる織物」となっ
たという話も、思考と延長を分断するデカルト的な二元論をスピノザは引き継
いでしまったという話だと考えればのちの『神』の内容につうじるものです。
　フォアスターの論文では、ヘルダーが『エティカ』のスピノザにはじめて
──しつこいようですが、これは事実誤認です──言及した箇所として1768
年が紹介されています。それもみておきましょう。当時のドイツ語圏の詩人ギー
ゼケ (Nicolaus Dietrich Gieseke 1724-1765) の詩への批評の文脈です。まずは
ギーゼケの詩をヘルダーが引用した箇所のうち後半を引用します。

「〔……〕神よ、あなたは詩人におぞましい夜を耐えしのぶ勇気を贈った。
　突然、雷鳴がとどろき、彼を昼につれもどした。と同時に
　大地を引き裂いて立ち上がったのは、とてつもない巨人。
　その大きさはひとつの世界そのもの。姿かたちは巨像。
　見るもおぞましいが、その造りは調和がとれている。
　威圧するかのような頭は山岳。髪の毛は森林。
　おびやかすような眼は燃えさかる炉、
　さもなければ光輝く深淵。ひとつの身体に変貌して
　詩人の目の前に立ったのは世界そのもの。
　このうえなく細かい血管には小川が穏やかに流れ、
　膨らんだ血管では大海が猛り狂っていた。
　身にまとう衣は風たちの織りなすヴェールだった」(SWS. 4: 276.)。

こう引用したあとでヘルダーは、「このようにスピノザは神を夢想した」

（ibid.）とひとこと書くのですね。世界そのものを体現する巨人というのは生き
ている自然のイメージなのだと思います。ヘルダーがスピノザの思想をシャフ
ツベリの「自然への賛歌」——これをヘルダーは1771年から1776年にかけて
ドイツ語の韻文に訳し、のちに『神』の第2版に収録しました——と同じ次元
で受けとめていたことをあらためて思いださせる箇所です。ヘルダーが1773
年に発表した「シェイクスピア」という論文にも、シェイクスピアの精神は全
世界をその肉体としていると讃える文脈で、「スピノザのかの巨神は「世界も
ひとつ、神もいっさいだ」というかもしれない」[6]と書いている箇所があります。
この「巨神」のイメージはギーゼケの詩に由来しているのかもしれません。

　翌1769年の「哲学の諸原則」には、スピノザにさらに踏みこんだ言及があ
ります。長くなりますが引用します。

「スピノザはすべてが神のうちに存在していると信じていた。つまり彼はす
　べての半径、すべての惑星を否定し、一なる中心点だけを受けいれて、それ
　を神にしてなおかつ世界だと呼んだ。したがって、彼を無神論者と呼ぶのが
　正当なら観念論者と呼ぶのも正当でありうる。彼は無神論者ではなかった。
　彼が反駁されるのは、みずからひとつの思考であることを自覚している完全
　な実在〔つまり神〕以外にその他もろもろの実在が必然的に存在し、それらが
　おのれ自身を思考するのと同じように他者についても思考することが証明さ
　れるときだけである。おそらくその証明がなりたつのは、神の一なる思考が
　含んでいるのは可能的なもののすべてにほかならず、その可能的なもののす
　べては同時に現実的であることが示されるときであろう。そしてそれは必然
　であり、そうでなければ神の一なる思考は＝0であり、したがって無である。
　／こうして世界なき神は不可能であり、神なき世界も不可能である。つまり
　可能なものはすべてが現実に存在するのであって、そうでなければ神の世界
　は存在しないだろう」（SWS. 32: 228）。

　ここでのヘルダーの言いぶんは、スピノザはすべてが神に内在していると考
えるだけで、神以外のものの自立性を認めていないということです。あとで話
題にしますが、『神』のヘルダーも、個物をあくまでも神の様態とみなすスピ

ノザ、あるいはそのようなスピノザ解釈にたいしては批判的で、個物とくに個々の人間がおのれの自立性を主張してもそれは神への内在と両立することを示そうとしています。それと同じ問題意識の萌芽がここには読みとれるように思います。

　以上、ほんの駆け足でみただけですが、『神』におけるヘルダーのスピノザ理解の萌芽は1760年代のなかばにまでさかのぼると考えられます。嶋田洋一郎先生が訳された『ヘルダー旅日記』のなかで、ヘルダーが「身体なくして魂はまったく用をなさない (ohne Körper ist unsere Seele im Gebauch nichts)」と述べている箇所があります。嶋田先生はここに訳註をつけて、スピノザの『エティカ』第3部定理2註解の「身体が活動力を欠いているならば、やはり精神には思索する力が不足する」という箇所とのかかわりを指摘していらっしゃいます。『旅日記』は1769年ごろに成立したと推測されている草稿です。これまで見てきたところからしても、ヘルダーが1769年ごろには『エティカ』に親しんでいたことは認めてよいでしょう。嶋田先生もヘルダーのスピノザ理解の進展をおさえたうえで、さきのような訳註をつけられたのだと思います。

　それにしても、1769年ごろの『旅日記』にうかがえるような心身関係への洞察は、私から見ればじつにまっとうなものだと思うのですが、それに引きくらべると、『神』における心身問題への言及には私はどうにも首をかしげずにはいられません。これは訳者解説でも書いたことですが、私としては『神』の「第5の対話」で、テオフロンが「私たちの身体は魂の道具、魂を映しだす鏡にすぎ」ないと発言していることは、スピノザの考えとは相いれないとしか思えませんし、しかも、その発言を承けるようにして今度はフィロラウスが、スピノザは「身体概念を人間の魂の本質的な形式にし」たと発言している（拙訳138／332ページおよび「訳者解説」432〜433ページ参照）。こういう箇所を読むと、ヘルダーがどういうつもりでこのふたりのすんなりとはつながらない発言をひとつの流れのなかで書いたのか理解に苦しみます。『旅日記』に見られる的確な洞察にたいして、『神』のこの箇所のヘルダーは混乱もしくは後退をしているか、さもなければ意図的に読者を煙に巻こうとしているのではないか、そう思えてなりません。いかがでしょうか。この点、本日はぜひ皆さんからご教示をいただければ幸いです。

2　ヘルダーにおけるヒュームとスピノザの合流？

　さて、のっけから『神』について否定的な話になってしまいましたが、べつにこれで『神』という作品の価値が損なわれるとは思いません。訳者解説で書いたことですが、『神』の叙述で私が目立たないながら重要であり、スピノザの精神と軌を一にしていると思ったところがあります。ヘルダーが哲学的な議論を意図的に中断して登場人物のフィロラウスに歌を歌わせたり、テアノが刺繍をしながら対話に参加したりし、しかも、そうした歌や刺繍が哲学的な対話に組みこまれて対話を豊かにする役割をはたしているところです。これは、哲学的な思索も議論もそれ自体が生身の人間の生活に根ざしており、真の哲学者、あるいは真の賢者は、狭い意味での哲学的思索や議論に限定されない日々の生活のなかのささやかなアマチュア芸術——鶴見俊輔さんがいうところの「限界芸術」——にさえ神に通じる道を感知しているということでしょう。こうしたヘルダーの態度は、スピノザの『エティカ』でいえば第4部定理45系2註解のつぎのような言葉と響きあうものだと思います。

　　「適量で、しかも味のよい食事や飲物によって体を活気づけ、英気を養うこと、また芳香や青々と萌えいずる若芽の魅力、装飾、音楽、スポーツ、観劇、またそのほかどんなものであれ、だれもが他人に迷惑をかけることなしに利用することのできるものによって、力と英気を養うのは、私の言う思慮ある人にふさわしい生きかたである」

　スピノザがこのように語るのは、日々の生活のなかで穏やかな喜びを感じるようになればなるほどその人間は、「必然的に神の本性にますますあずかることになる」（同上）と考えているからです。抽象的な哲学的議論に閉じこもって日常を楽しむことを見下すような人間は、かえって「思慮ある人」には程遠い、というわけですね。

　さて、ここからは訳者解説にも訳註にも書いていないお話です。いま申しあげたヘルダーの叙述のうち、とくに第一版のほうの「第4の対話」でフィロラウスが歌を歌う直前でテオフロンがこんなふうに発言しています。

「すくなくとも私なら、理解もできず事柄の裏づけもない、あんな記号のような言葉とたわむれている哲学者〔これはカントをさしているのでしょう——吉田註〕を見るとげっそりしてしまって、自分が生きていることをもう一度実感しようにも、自然な実生活にすんなり戻れなくなるほどです」（拙訳99ページ）。

　この発言につづいてテオフロンがフィロラウスに、元気を取り戻せるような歌を歌ってくれないかと頼み、フィロラウスがそれに応じてクライストの詩にメロディをつけて歌い始めます。歌をつうじてまた元気が出てきたふたりはふたたび議論を開始します。

　このあたりを訳していて私が思い出したのは、デイヴィド・ヒュームの『人間本性論』第1巻の末尾、つまり第4部第7章です。ここでヒュームは、『人間本性論』第1巻の議論をふりかえって自分自身が憂鬱な気分になると発言します。人間精神がもっとも熱烈に探求するのは物事の原因だというのに、これまでの議論によれば、原因と結果の結合、つまり因果関係はたかだか習慣の産物にすぎない。こうした結論にわれわれ——具体的にはヒュームとその読者のことでしょうね——は落胆せずにはおれない（邦訳『人間本性論』第1巻302頁）、というのです。

　しかし、そうした落胆を逃れる道があります。ヒュームによれば、まさに「自然本性それ自体（nature herself）」が「この哲学的な憂鬱と譫妄から、私を癒してくれる」。具体的には、「私は、友人と食事をし、バックギャモンをして遊び、会話をして、愉快になる」（邦訳・同上304頁）というわけです。それだけではありません。

　　「私が娯楽にも社交にも飽きて、自分の部屋で、あるいは川のほとりを独り
　　歩きながら夢想に耽っていると、私は自分の精神が集中力を回復してくるの
　　を感じ、読書や会話のなかでそれについての多くの論争に出会ったような問
　　題に考えを向けるよう、自然に傾くのである（naturally inclined）」（邦訳・同上
　　306頁〔訳文に若干変更あり〕）。

　『人間本性論』において、人間本性は一方で哲学的な考察のテーマとしてま

さに対象化されるものですが、他方ではこんなふうにヒュームの哲学的な思考
に適度な中断をもたらしてはそれを再開させもする、いわば哲学的な思索の背
後にあって思索の緩急を制御する駆動力そのものでもある。哲学的な思索はわ
れわれの生活の一部であって、ときには思索を中断して人間本性のリズムとで
もいったものに身を委ねることを忘れていては、かえって哲学的な思索が枯渇
してしまう。こうしたヒュームの考えかたは、人間は喜べば喜ぶほど「神の本
性にあずかる」のであり、日々の生活のなかの楽しみを適度に享受することを
「思慮ある人にふさわしい」と考えたスピノザにつうじるものではないでしょ
うか。

　すくなくともヘルダーは「第4の対話」の問題の箇所で、一方ではさきに引
用したスピノザの「思慮ある人」の話を、他方ではヒュームの『人間本性論』
第1巻末尾を念頭に置いているのではないか。ヘルダーのなかでスピノザとヒ
ュームは、哲学的な思索があくまでも日常の営みに根ざしていることに注目す
るその態度において共鳴しあうものとしてとらえられているのではないか。問
題の箇所は思想史的にじつにおもしろい箇所なのではないか、そう私は考えた
のです。

　結論から言いますと、この話は訳註にも訳者解説にも書けませんでした。ヘ
ルダーがヒュームの『人間本性論』をちゃんと読んだという文献上の裏づけが
とれなかったためです。ヘルダーはもちろん若いころからヒュームの熱心な読
者ですし、フマニテート（Humanität）を思想的なキイワードのひとつとするヘ
ルダーが『人間本性論』を読んでいないというのは考えにくい。ところが、じ
っさいに彼が言及するのは『英国史』や『人間知性研究』などで、『人間本性
論』を立ちいって論じることはない[7]。これではちょっと訳註や訳者解説に書き
にくいと考えた次第です。

　これには翻訳作業の後日談があります。けっきょく尻すぼみの話にしかなら
ないのですが、これはこれでおもしろい話なので紹介させてください。つまり、
ヘルダーと『人間本性論』のあいだには、「北方の博士」ヨハン・ゲオルク・
ハーマンという有力なパイプがあったのですね。これはもう不明のきわみとい
うしかないのですが、『神』の翻訳を出したあとの時期に、川名子義勝先生の
訳された『北方の博士・ハーマン著作選』を読みかえしていたら、ハーマンが

まさにヒューム『人間本性論』第1巻第4部第7章をドイツ語に翻訳したと訳
註に書いてあるのですね。驚きあわててハーマンの全集を調べた次第です。[8]
　まず、問題のドイツ語訳についてですが、これは「懐疑家の夜想 (Nachtge-
danke des Zweiflers)」というタイトルで1771年7月5日および12日の『ケーニ
ヒスベルク学術政治新聞 (Königsbergsche gelehrte und politische Zeitungen)』に掲
載されたものです。[9]記事ではヒュームの名は伏せられており、読者にはハーマ
ン自身のエッセイと読めるようになっています。おもしろいのは、ハーマンは
弟子のヘルダーとは対照的にスピノザにたいしては冷淡な評価をしていること
です。[10]そのハーマンの翻訳をつうじてヒュームの『人間本性論』の着想がヘル
ダーの目に留まり、しかもヘルダーの内面で、ハーマンには思いもよらないこ
とに、スピノザと共鳴する思想として発酵していったのだとしたら、これまた
思想史の興味ぶかいワンシーンになりそうです。
　問題は、ハーマンの新聞記事をヘルダーが読んだかどうかです。ハーマンと
ヘルダーの書簡集を調べたのですが、ちょうどこの記事が出た1770年から71
年にかけての時期、ヘルダーとハーマンの往復書簡は残っていません。1772
年6月14日付けのハーマンからの手紙の冒頭には長い中断期間のあとでためら
いながら手紙を書いているという趣旨の文言がありますから、この時期はおそ
らく手紙のやりとりがなかったのではないかと思われます。[11]このときの手紙に
ハーマンはヘルダーの『言語起源論』にたいする批評——いわゆる「ヘルダー
文書 (Herderschriften)」——を同封し、ヘルダーを大いに困惑させるのですが、
これはいまの問題とは関係ありません。しかし、たとえヘルダーがハーマンの
「懐疑家の夜想」を読んでいなくても、ハーマンは「理性の純粋主義について
のメタ批判 (Metakritik über den Purismum der Vernunft)」(1784年)、これはヘ
ルダーが『純粋理性批判へのメタ批判 (Metakritik zur Kritik der reinen Ver-
nunft)』を執筆する機縁となった作品ですが、その冒頭の註でもヒュームの
『人間本性論』に言及していますし、[12]それ以前のヘルダー宛ての手紙でも『人
間本性論』への高い評価をうかがわせる発言がみられます。[13]ヘルダーと『人間
本性論』を結びつける状況証拠はこれだけあるのですが、ただ、決定的な文献
上の裏づけがどうもできないというのが悩ましいところです。[14]
　しかし、文献的な裏づけの問題は措くとしても、ヘルダーの『神』「第4の

対話」の問題の箇所が実質的にスピノザとヒュームに共通する態度を具現して
いるという解釈は成りたつのではないか、いまもやはりそう思います。偉大な
思想家の思考がこんなふうになにげない箇所で合流している、あるいは合流し
ているように読めるというのは、やはり思想史研究の醍醐味というべきでしょ
う。現在の思想史研究では、ヒュームがスピノザ主義者だったというのはほと
んど通説になっていて、研究の焦点はヒュームがスピノザとどのように対決し
たか、その内実の検討に移っているようです。[15] そうした観点から見ても、ヘル
ダーのこの箇所は興味ぶかいように思います。ヘルダーのなかでスピノザ的な
思考とヒューム的な思考が合流していた——皆さんはこうした解釈についてい
かがお考えでしょうか。のちほどご教示をいただければと思います。[16]

3 『神』のヘルダーはどこでスピノザから一線を画するのか？

　最後に、『神』のヘルダーはどこでスピノザから一線を画するのか、という
問題です。この点についても、マイケル・フォアスターがさきに挙げた論文の
なかで、ヘルダーによるスピノザの「修正 (revision)」を簡潔に7点にまとめて
います。

(1)スピノザは、すべてを包括する唯一の原理を「実体」とみなすのにたいし
　て、ヘルダーは「力」とみなす。
(2)スピノザはそうした原理をどちらかといえば「活動しないもの」ととらえ
　るが、ヘルダーはそれをはっきりと「活動性」ととらえる。
(3)スピノザは唯一の原理に「思考」という属性をみとめはするが、その原理
　が「知性」や「意志」や「意図」をもつとか、「魂」であるといったこと
　を認めない。だが、ヘルダーはその原理が知性も意志も意図もそなえてお
　り、「魂」であると考える。[17]
(4)スピノザが自然を機械としてとらえるのにたいして、ヘルダーは自然を生
　きているものとしてとらえる。
(5)ヘルダーによれば、スピノザにはデカルトから受けついだ二元論が残って
　いるが、ヘルダーは力という観点によってこの二元論を克服している。

(6)ヘルダーによれば、スピノザは時間を神のたんなる現象であり想像力の産物にすぎないとみなすのに、空間（つまり延長）を神の属性とみなしている。このせいでスピノザは神を世界と同一視した汎神論者で無神論者だという誤解が生じた。ヘルダーは、神は時間でも空間でも測れないと考えることで、そうした誤解を払拭した（拙訳40〜49／208〜219）。

(7)『神』の終わりで、ヘルダーは神という根源的な力に根ざした生ける力の体系を素描し、磁石をモデルとするような力の対立に重要な役割をあたえている（拙訳142／336以降）。さらにそうした力の体系がより高次のものへとおのずから発展すると考えている（拙訳153／347以降）。

　フォアスターは『神』の論点をちゃんとまとめています（ここで前提されているスピノザ理解は、スピノザ研究者の皆さんからごらんになれば、すでに乗り越えられた古くさいものであるかもしれませんが）。しかし、ヘルダーが自覚的にスピノザから一線を画するのはどこなのか、これだけではどうもはっきりしません。私はもうひとつべつの観点を提示したいと思います。ヘルダーとスピノザでは、新約聖書の「使徒言行録」17の28にでてくるパウロの言葉の引用の仕方がちがっているのですね。このパウロの言葉をヘルダーが『神』で引用するときは、

　　「私たちは神のうちに生き、活動し、存在しています。私たちは神の種族です」

となっていて、かならず「私たちは神の種族です」という一文もいっしょに引用します。これにたいしてヘルダーも「第2の対話」や「第4の対話」の第二版で註に引いているオルデンブルク宛てのスピノザの手紙（書簡番号73番）では、

　　「私は、すべてのものが神のうちに活動し存在していると申します。これはパウロも言っていることですし、（言いかたは異なりこそすれ）おそらくすべての古代の哲学者たちも言っていることです」（拙訳104〜105ページ）

となっていて、「私たちは神の種族だ」という趣旨の文言はありません。ヘルダーはスピノザが引いていない1文を、くりかえし引用していることになりま

す。ここには、おそらくヘルダー独自の主張がこめられている。結論から言いますと、ヘルダーがやろうとしているのは、個体性、それもわれわれ人間一人ひとりの個体性を神への内在と両立させようということなのだと思います。引用を重ねながら考えてみましょう。「第2の対話」にこんな箇所があります。第2版から引用します。

　「テオフロン　〔……〕私たちはどれほど依存したありかたをしていてもやはり自分は自立していると思っていますし、たんに存立しているにすぎないのに、ある程度までは自分は自立していると思えますからね。というわけで──
　　フィロラウス　そう、そこです。私たちはただの様態などではありませんよね」（拙訳202ページ）。

　人間をふくむ個々の存在者はすべて唯一の実体の様態だというスピノザの基本テーゼへの、これは明確な反対です。ヘルダーの代案は、「第5の対話」に出てくる第一テーゼです。以下、しばらく第二版から引きますが、どれも趣旨は第一版と変わりません。

　　「最高の存在はみずからの被造物に、現実性、存在という最高のものを与えた」（拙訳323ページ。第一版は130ページ）。

　このテーゼにしたがえば、テオフロンの言うとおり、「存在可能だったものはすべて現に存在し、すべての力は神の力の、つまりはまったき知恵と善意と美の一なる表現です。どんな小さなものにも、どんな大きなものにも神が活動しています」（拙訳124ページ。第一版は130ページ）、ということになります。このテオフロンの発言を承けてテアノがこんなふうに言います。ちょっと長くなりますが引用します。

　「では、私たち人間存在はなんて高い段階にあることでしょう。私たちはこんなにもはかない現象なのに、そのうちには能力と知性と善意という神の三つの最高の力の生きた表現が宿っていて、それが内がわから意識されている

のですもの。〔……〕私たちのなかには神の本質的な法則が宿っています。私たちが有限であれもっている能力を、真理と善意の純粋な理念のままに秩序づけるためにです。ちょうど、全能なるかたが完全性のきわみにある本性のままにみずからそれをおこない、いたるところで表現し遂行しているのと同じようにね。神はそうすることによっておのれ自身の本質を私たちに告げ、私たちをその完全性の似像にしてくれました」（拙訳324ページ。第1版は131ページ。）

　ここにあるのは、人間は「神の似像」であり、そのようなものとして自己形成すべきものだという考えかたです。そのような自己形成によって、人間は神に内在しながらなおかつ同時におのれ自身の個体性や自己を確立できるというのがヘルダーの考えなのでしょう。このことは第二版で増補された「第5の対話」の終結部を読んでみればあきらかです。フィロラウスの発言から引用します。

　「ひとつの実在が生命と現実性をもてばもつほど、つまりこれこそ自分の居場所だと感じられ、おのれ自身をひたむきに全面的に委ねられるような一なる全体を保つために知性的で力強く完全なエネルギーを高めれば高めるほど、その実在はますます個体であり自己なのです」（拙訳357ページ）。

　おそらくヘルダーは、ライプニッツの『モナドロジー』の第83節や第84節をスピノザのうちに読みこもうとしているのでしょう。『モナドロジー』第83節には、魂は宇宙の生きた鏡であり似姿だが、「精神〔これはすぐまえの第82節にあるとおり、人間の理性のことです——吉田註〕はさらにすすんで、神そのもの、自然の創造者そのものの似姿である。〔……〕精神はそれも自分の領分のなかにおける、小さな神のようなものである」という話が出てきますし、第84節には、神と精神の関係は「君主と臣下、いやむしろ父と子の関係なのである」という言葉が記されています。[18] これはまさに「私たちは神の種族です」というパウロの言葉と響きあうものといってよいと思います。
　こうしたヘルダーの「改釈」をもしスピノザ本人が知ったらどう反応したでしょうか。たぶんスピノザはヘルダーが「私たちは神の種族です」という文言を引用することには賛成しなかったのではないでしょうか。スピノザは、さき

に引いたのと同じオルデンブルク宛書簡（書簡番号71）[19]の後半で、イエス・キリストにおける神の受肉について否定的な意見を述べています。神が受肉して「人間の本性をそなえた」というのは、「円が四角形の本性をそなえた」と言っているのと劣らず不条理だ、とスピノザは言います。パウロの言葉のうち、「私たちは神のなかで生き、活動し、存在している」というところは認めても、それにつづく「私たちは神の種族です」という言葉は受けいれられない、というのがスピノザの立場だったと言えそうです。

　ヘルダーはこの書簡を引用していますし、スピノザが神の受肉について否定的な意見を述べたこの箇所も当然読んでいたはずです。そのうえでなおかつ彼は、『神』の第二版で「私たちは神の種族です」という言葉を何度も引用しているのであり、この点で、ヘルダーは意識的にスピノザの思想を読みかえようとしていると言ってよいでしょう。ヘルダー自身、自分が『神』で試みたのは自由な解釈だと語っています。しかも、まさに問題のパウロの言葉を引きながら、そう語っています。「第二版への序文」を引用します。

　　「『私たちは神のうちに生き、活動し、存在しています』と使徒〔パウロ〕は言っている。『私たちは神の種族です』とは、ある詩人が神について語ったことであり、使徒は彼に賛同してこれを引用した。私は、パウロが詩人の言葉を引用したのと同じ自由によってスピノザの体系を解明できた。あの詩人の言葉は、ほかでもなくこの体系を凝縮したものだからである」（拙訳163ページ）。

　こうしたスピノザの読みかえは、神そのものの捉えかたと連動しています。これは訳者解説でくわしく述べたのでいまは深入りしませんが、日本語ではかつて「在りて在るもの」などと訳されてきたユダヤの神の「存在」を、ヘルダーは現在形と未来形の組み合わせによって表現するしかない開放的で未完結なもの、つまりは「力」であり「活動」であると読みかえます。この読みかえを前提にしてあのパウロの言葉を読めば、人間もまた「存在」しながら「活動」しているものとして「神の種族」だという話が出てくるのだと思います。しかも、第二版の「第5の対話」でフィロラウスが語っているように、人間は神の種族であることをみずから自覚しうる（拙訳357ページ）。ヘルダーがおそらく

意識的にスピノザから一線を画しているのはここだと私は考えます。スピノザがこのような理解の仕方を容認したかどうかは、皆様からぜひともご教示いただきたいところです。私のお話はここまでといたします。ご清聴ありがとうございます。

●注

1) ＊ヘルダー、スピノザ、ヒュームからの引用について。
 ・ヘルダーからの引用箇所は、以下の略号とページ番号で表示し本文中に挿入します。ただし、拙訳『神』からの引用は拙訳のページ番号のみ表示します。
 SWS. : J. G. Herder: *Sämtliche Werke*. Hrsg. von B. Suphan. Berlin 1877-1913.
 FHA. : J. G. Herder: *Werke*. Hrsg. von M. Bollacher u. a. Deutscher Klassiker Verlag. Frankfurt u. M. 1985-2000.
 ・スピノザ『エティカ』からの引用は、中公クラシックス（中央公論新社）の『エティカ』（工藤喜作・斎藤博訳）をもとにおこない、当該箇所を表示する番号を本文中に挿入します。
 ・ヒューム『人間本性論』第1巻「知性について」からの引用は、木曾好能訳（法政大学出版局、2011年）をもとにおこない、邦訳のページ番号を本文中に挿入します。なお、英語原文からの引用は、AmazonのKindleで無料配布されているものを利用しています。
 Michael N. Forster: Herder and Spinoza. in: E. Förster&Y. Y. Melamed (ed.), *Spinoza and German Idealism*. Cambridge, 2012. pp. 59-84.
2) Ibid. p. 63.
3) Ibid.
4) Vgl. J. G. Herder: *Briefe an J. G. Hamann im Anhang Herders Briefwechsel mit Nicolai*. Hrsg. Von O. Hoffmann (Georg Olms Verlag, 1975). なお、エーデルマンの『モーセ (*Moses*)』は1756年の刊行です (Vgl. D. Garrett (ed.) : *The Cambridge Companion to Spinoza* (Cambridge, 1996), pp. 420, 441.)。1754年以来、無為に暮らしているというニコライの書きかたは、たんなる事実誤認でなければ、意識的、無意識的に話をぼかしたがっているのでしょう。
5) この箇所については、講演のさいの私の訳は、最後の一文で誤訳をしていました。今回の訳で訂正します。講演後の質疑でこの箇所について質問してくださったかたのおかげで誤訳に気づくことができました。この場を借りてお礼申しあげます。
6) 訳文は登張正實訳（『中公バックス　世界の名著38　ヘルダー・ゲーテ』196ページ）です。
7) 『人間本性論』の英語タイトル*A Treatise of Human Nature*を話題にしている個所が『純粋理性批判へのメタ批判』にありますが、それ以上は踏みこんではいません。Vgl. FHA. 8: 318.

　なお、『人間本性論』については、さきにもふれた『ヘルダー旅日記』に、ヘルダーはヒューム『人間本性論』ドイツ語訳からの抜粋を1764年ごろに作成しているという趣旨の訳註がありまして、当初これは有力な手がかりになると思ったのですが、調べてみますと、これは正しくは『人間知性についての哲学的試論（*Philosophical Essays Concerning Human Understanding*, 1748）』のドイツ語訳です。『人間本性論』のドイツ語訳はLudwig Heinrich Jakobによる3巻本がもっとあとの1790～1792年に出版されたのが最初のようです（Vgl. G. Gawlick / L. Kreimendahl: *Hume in der deutschen Aufklärung*. Frommann-holzboog. 1987. S. 15.）。

　また、フランクフルト版著作集第8巻に収められている『純粋理性批判へのメタ批判』のなかでヘルダーがヒュームの「第12試論」に言及している箇所（FHA. 8: 608）に、編者のイルムシャーが註をつけて『人間本性論』の「第12試論」のことだと書いていますが、これも正しくは『人間知性についての哲学的試論』です。

8)　川名子訳『北方の博士・ハーマン著作選』（沖積舎、2002年）357ページ（同著作選は上下二巻だがページ番号は上下で通しの番号となっている）。

9)　Vgl. J. G. Hamann: *Sämtliche Werke*. Historisch-kritische Ausgabe von J. Nadler. Wien, 1949-1957. Bd. 4, 364-370.　この翻訳については、礒江景孜『ハーマンの理性批判』（世界思想社、1999年）45ページ以下を参照。

10)　川名子・前掲訳書、238ページおよび547ページを参照。

11)　J. G. Hamann: *Briefwechsel*. 3. Bd.（1770-1777）. Hrsg. von W. Ziesemer u. A. Henkel.（Insel, 1957）.

12)　Vgl. 川名子・前掲訳書、204ページ。Hamann: *Sämtliche Werke*. Bd. 3. S. 283.

13)　1781年5月10日付けのハーマンからヘルダーに宛てた書簡に「いま、ヒュームの『人間本性論』を読んでいます。これで二回目ですが、新たな光があたって新たな楽しみがあります」という箇所があります（J. G. Hamann: *Briefwechsel*. 4. Bd（Hrsg. von A. Henkel）. S. 293.）。この箇所は、Gawlick / Kreimendahlによる前掲書の198ページのおかげで知ることができました。

14)　可能性ということでしたら、ヤコービもヒュームの熱心な読者ですし、ヘルダーの『神』と同じ年に『デイヴィド・ヒュームの〈信（仰）〉論』を出しています。ヤコービがヘルダーと直接話をしているときにヒュームの『人間本性論』を話題にしたこともおおいにありえると思います。

15)　この点は、矢嶋直規先生の「「神即自然」と「人間に固有の自然」──ヒュームのスピノザ主義」（『スピノザーナ』第15号）にご教示いただきました。

16)　なお、本稿2の内容は、その後、拙稿「ヘルダー『神』における対話の一時中断が意味するもの──ヘルダー、ハーマン、ヤコービ、ヒュームをめぐる思想史的研究の中間報告」（『中央大学論集』第41号（中央大学、2020年2月）にて、もうすこし立ちいって論じました。

17)　この点はちょっと註釈が必要です。ヘルダーは、『神』の第二版で神の人格性だ

けでなく知性をも否定しています（拙訳269〜271ページ）。しかし他方でヘルダ
ーは、力としての神の知恵や善意をまるで自明なことででもあるかのようにくり
かえし語っています（たとえば、拙訳4ページ、68／246ページ、76／254ページ、
131／324ページ等々）。フォアスターの念頭にあるのはこうした箇所のことだと
思われます。

18)　「モナドロジー」の訳文は、『中公クラシックス』所収の清水富雄・竹田篤司訳を
　　お借りしました。

19)　訳文は畠中尚志訳『スピノザ往復書簡集』（岩波文庫、1958年）のものです。

Herder and Spinoza

YOSHIDA Toru

In 2018 I published a Japanese translation of both first and second versions of J. G. Herders "Conversations on God" at Hosei University Press. In this lecture I consider the relationship between Herder and Spinoza from the viewpoint of "Conversations". My lecture is divided into three parts: 1) On Herder's encounter with Spinoza, 2) Hume and Spinoza united in Herder? and 3) The difference between Herder and Spinoza.

1) Michael Forster says that Herder mentioned Spinoza in his writings in 1768 or 1769 for the first time (cf. M. Forster: Herder and Spinoza. in: E. Förster&Y. Y. Melamed (ed.), *Spinoza and German Idealism* (Cambridge, 2012) pp. 59–84). But it needs a little correction: as early as 1765 Herder mentioned Spinoza in his manuscript "How can be philosophy more universal and practical for the people?".

2) I think it is important in "Conversations" that Herder often inserts scenes of reading a poem, of singing a song, of embroidering while talking and so on: namely scenes of simple artistic activities in the everyday life. I guess here some influence from both Spinoza in "*Ethica*"4. 45. 2. and Hume in "*A Treaties of Human Nature*" 1.4.7, furthermore a kind of fusion or union of the two philosophers' idea about the relationship between arts in the everyday life and philosophy.

3) In "Conversations" Herder often cites St. Pauls words in "Acts" 17. 28.: "In God we live and move and have our being, (…) we are his offsprings." According to my interpretation Herder finds here a viewpoint, and that authorized by Bible, which makes pantheism and independence of the individual human beings compatible. For Herder human beings are not mere modes of God as Nature, as Spinoza says, but offsprings or images of God (Here we can find an influence from Leibniz's "Monadology"§82–83). In his letter 71 (for Oldenburg) Spinoza also cites the same words of St. Paul's, but except for "we are his offsprings". For Spinoza who considers the Christian belief of incarnation of God in Jesus totally absurd the idea of human beings as offsprings or images of God is also absurd.

〈公募論文〉

ホッブズとスピノザにおける
神学批判の戦略

笠 松 和 也

　スピノザ『神学政治論』の背景を解き明かす作業の一環として、ホッブズやスピノザを17世紀オランダの歴史的コンテクストに位置づける研究が近年進展している[1]。その最新成果の一つが、福岡安都子が2018年に刊行した『主権者と預言者たち』[2]である。同書では、17世紀オランダにおける「宗教上の事柄に関する権利（jus circa sacra）」をめぐる論争の観点から、ホッブズとスピノザの聖書解釈の両極性（polarity）を描き出すことで、いかにスピノザの聖書解釈が当時のオランダにおけるホッブズの読者たちにとってオルターナティブな思考として現れたのかを示している。

　しかし、もちろんホッブズとスピノザの思考がすべて歴史的コンテクストに還元できるわけではない。むしろ、福岡らの研究を通して、両者の思考のうちに歴史的コンテクストに還元できない特異性が見いだされることも、同時に明らかになってきた。そこで、本稿では17世紀オランダの歴史的コンテクストに関する近年の研究を踏まえながら、ホッブズとスピノザにおける神学批判の戦略に着目することで、そこにいかなる特異性が見いだされるのかを解明したい。

1. 空虚な哲学と結びついた神学──ホッブズの場合 (1)

　ホッブズの神学批判は、1640年代に書かれた『法の原理』や『市民論』に既に見られるが、それが最も詳細に展開されるのは、『リヴァイアサン』第4部においてである。そこでは、現実のキリスト教的国家になお残存する、神の王国に反する霊的な暗黒の要因として、次の四つが挙げられている。(1)聖書の誤った解釈とその濫用。その最たるものが、聖書に記された神の王国が現在の

教会であることを示すために、聖書の章句を捻じ曲げることである。(2)神霊
(Dæmon) に関する教説の導入。古代ギリシアやユダヤの詩人たちに由来する
この教説により、本来は幻像 (phantasm) にすぎない神霊が実在すると信じら
れるようになり、偶像崇拝が生じた。(3)宗教と空虚な哲学の混交。とりわけア
リストテレス哲学がキリスト教に導入されたことで、非物体的な実体を聖書の
記述のうちに見いだそうとするようになった。(4)不確かな伝統や歴史への依拠。
教会が民衆に地獄や煉獄を信じさせるべく、架空の奇跡の伝説や亡霊の話を広
めたことで、民衆の理性的な思考を抑圧している。

　ホッブズによれば、これら四つの要因は、ローマ法王と聖職者たち、および
地上の教会が自らの権力基盤を確固とするために生み出しているものに他なら
ない。つまり、教会そのものが神の王国に反しているのである。ここにホッブ
ズの神学批判の根底が見られる。以下では、これら四つのうち、とりわけスコ
ラ神学に関わる第三の要因に注目しながら、その批判の意義をさらに考えてみ
たい。

　空虚な哲学に対する批判が展開される第46章では、まず哲学の定義が示さ
れた上で、何が哲学に属さないかが論じられる。ホッブズによれば、哲学とは
現象において原因から結果、または結果から原因を推論することで得られる知
識であるため、思慮、誤謬、超自然的なもの、著者の権威に依存するものは、
哲学には属さないとされる[3]。そのうえで、古代ギリシアにおける哲学の始まり
とそれ以降の諸学派の成立が描かれ、やがて誕生する大学において、アリスト
テレス哲学がキリスト教に混交されたことで、数多くの誤謬が生じたと述べら
れる。その際、特に問題となるのは、アリストテレス『形而上学』における
「本質」概念である。というのは、ホッブズの見るところ、アリストテレスの
言う「本質」は、個物から離れてそれ自体で存在するもの、すなわち「分離さ
れた本質」であるため、それに対応する「非物体的な実体」という本来哲学に
は属さない超自然的なものを導入せざるをえなくなるからである[4]。しかし、ホ
ッブズからすれば、これは語義矛盾に他ならない。なぜなら、原因と結果のう
ちで捉えられる物体こそが実体に他ならないにもかかわらず[5]、その実体が非物
体的であると言われているからである。つまり、「非物体的な実体」とは、「非
物体的な物体」ないし「非実体的な実体」という自己矛盾した概念なのである[6]。

　ところが、大学においては、こうした「非物体的な実体」という発想が、聖書の記述と結びつけられることで、神学の学説が練り上げられている。その例が、非物体的な魂が身体に宿るとする説や、そうした魂が死後に身体を離れて天国や地獄に向かうとする説である。しかし、そのように考えると、ただちに数多くの難問が生じてしまう。例えば、魂は非物体的であるがゆえに位置をもたないにもかかわらず、身体のうちに存在するとはどういうことなのか、また身体を離れて天国や地獄に移動するとはどういうことなのか等が問われることになる。もちろんこれらの問いに対しては、魂の内在や移動は物体について通例言われるような場所的な意味で言われているわけではないといったように、術語上の区別を持ち出すことで答えることができるだろう。だが、「こうした途方もない区別は、どのような難問であっても等しく適用可能」(*Leviathan*, Chap. 46; p. 1084) な類のものであって、決して真理を明らかにするものではない。ホッブズに言わせれば、これこそがスコラ学者がこれまでしてきたことなのである。

　しかし、問題はそれだけではない。なぜなら、こうした学説は単に大学内の学者たちの間で討論されるだけでなく、大学で学んだ教会の説教者やジェントリら知識人階層を通して、彼らがそこから引き出した意見とともに、民衆に広められるからである。

　　大学は政治的・道徳的な学説の源泉であり、説教者やジェントリはその源泉を見つけては、そこから水を汲み、（説教台から、または彼らの交流の中で）民衆にまき散らすのだから、異教の政治家たちの悪意や人をだます霊の呪術によって、そうした源泉が穢されないように、大いに配慮されるべきである。
　　(*Leviathan*, A Review and Conclusion; p. 1140)

　このように、大学で練り上げられた学説は、大学出身者、または大学に在籍する学者の著作を読んだ人々を介して、彼ら自身の意見が付け加えられた上で、巷間に流布することになる。その点で、大学はそうした学説の権威的な後ろ盾になると同時に、その学説をさまざまな意見によって増幅することで、法王の権力拡大を助長する装置にもなりうるのである。[7] だからこそ、学説のうちに誤

謬が入らないように配慮しなければならない。

　しかし、現実においては、それとは逆の事態が起きている。

　　大学で教えられる、アリストテレスの形而上学・倫理学・政治学、およびス
　　コラ学者たちの取るに足りない区分、耳慣れない術語、あいまいな言葉遣い
　　は、（すべて法王の権威によって打ち立てられ、統御されているのだが）こうした誤
　　謬を見破られないようにしておき、人々に空虚な哲学の鬼火を福音の光と取
　　り違えさせるのに役立っている。（*Leviathan*, Chap. 47; p. 1110）

　大学で教えられる学説は、空虚な哲学と結びつき、人々をキリスト教的な真
理から遠ざけてしまっている。しかも、そうした学説は、法王の権力拡大を助
長すると同時に、それ自体が「法王の権威によって打ち立てられ、統御されて
いる」と言われるように、法王の権威によってお墨付きが与えられている。こ
こにおいて、大学と法王が互いに権威づけ合うある種の共犯関係が見いだされ
る。ホッブズがスコラ学者たちを痛烈に批判するのはこのためである。
　したがって、霊的な暗黒を打ち払い、神の王国を実現するためには、大学に
おいてキリスト教が空虚な哲学から切り離されなくてはならない。問題はいか
にして切り離すかである。とりわけ神学者たちがこれまで論じてきた事柄が、
空虚な哲学から切り離されることで、どのように転換されるのかを問う必要が
ある。

2. 神学から政治学へ──ホッブズの場合 ⑵

　これまで大学で講じられてきた神学が、空虚な哲学から切り離された時、そ
の神学が論じてきた聖書の問題は、どのように扱われるべきなのだろうか。こ
れについて、ホッブズは『リヴァイアサン』第33章の冒頭で、次のように述
べている。

　　聖書の諸巻とは、正典となるべきもの、すなわちキリスト教徒の生の掟とな
　　るべきものであると解されている。そして、人が良心をもって守るべきあら

ゆる生の掟は、法である。したがって、聖書に関する問いとは、キリスト教
世界全体にわたって、自然的で政治的な法とは何であるかという問いなので
ある。(*Leviathan*, Chap. 33; p. 586)

　聖書とはキリスト教徒にとって、何をなすべきで、何をしてはならないのか
を定めた掟である。掟は法である。したがって、聖書はキリスト教徒が守るべ
き法である。聖書に関する問題を法の問題として捉えるこうした発想は、ホッ
ブズが晩年まで一貫してもっていたものである。実際、1668年に書かれた対
話篇『ベヒモス』第1部でも、大学においてキリスト教がアリストテレスの空
虚な哲学と結びついていることを批判する文脈で、「私は宗教を学問のうちに
引きずりこもうとするのは好まない。宗教は法であるべきである」と述べてい
る。このように、ホッブズに従うならば、スコラ学者が神学のうちで論じてき
た聖書の問題は、法の問題として考えられなければならないのである。しかし、
聖書を法の問題として扱うとは、具体的にどういうことなのだろうか。以下、
聖書の権威に関する問題に着目しながら、このことを考えてみたい。
　「聖書の権威は何に由来するのか」という問いは、従来スコラ学者によって、
「いかにしてわれわれは聖書が神の言葉であると知るのか」または「なぜわれ
われは聖書が神の言葉であると信じるのか」という問いとして定式化され、論
じられてきた。しかし、ホッブズの見るところ、こうした問い方は不適切であ
る。第一に、「いかにしてわれわれは聖書が神の言葉であると知るのか」とい
う問いは、神から超自然的な啓示を直接受けること以外にその根拠を求めるこ
とができないため、預言者でないわれわれにとっては答えることができない。
第二に、「なぜわれわれは聖書が神の言葉であると信じるのか」という問いは、
聖書が神の言葉であることを疑う理由がなく、かつそのことを信じる理由は人
によってさまざまであるため、一般的な答えを出すことができない。つまり、
「聖書は神の言葉である」という命題は、それを知の対象と考えても、信の対
象と考えても、その真偽を問うことが無意味なのである。
　これに対して、ホッブズが適切な問いとして掲げるのが、「いかなる権威に
よって聖書が法とされるのか」という問いである。つまり、聖書の権威の由来
を、神の言葉としての聖書それ自体の性格に求めるのではなく、聖書を人々が

従うべき法として提示する主体に求めるのである。ここにおいて、法の問題が登場することになる。

　では、ホッブズはこの問いにどのように答えるのだろうか。まず、彼はここで言う「法」を(A)自然法である場合と(B)制定された法である場合の二つに分ける。そのうえで、聖書の記述のうち、自然法と一致する部分については、疑いなく神の法であり、理性を用いるすべての人間に対して、それ自体で権威をもっているとする。他方、それ以外の部分、すなわち制定された法として捉えられるべき部分は、書かれた法と同様に、その法を告知した相手にしか効力を発揮しないと述べる。聖書についていえば、それは(a)神から超自然的な啓示を受け取った人々の場合である。これに対して、(b)そうした啓示を受け取っていない人々に対しては、神以外の何らかの権威が聖書を法として定めているはずである。

　すると、その権威とは何なのか。少なくともそれは(α)私的な権威ではありえない。なぜなら、私人が人々に対して聖書を法として定めることが許されるならば、それは自称・預言者が自らに啓示されたと思い込んだ内容を勝手に法として定めることと見分けがつかなくなってしまうからである。したがって、聖書を法として定めるのは、(β)公的な権威でなければならない。具体的には、教会か国家のどちらかである。

　それでは、そのどちらなのだろうか。その際、判断基準となるのは、(I)教会が一つの人格であるか、(II)そうでないかである。これは、一つの人格をもった主権者のもとでキリスト教徒が一体となっているか、そうでないかと言い換えることもできる。このうち、(I)の場合、教会はキリスト教的国家そのものだとされる。というのは、国家の要件とは、一つの人格をもった主権者のもとで民衆が一体になっていることであり、教会が一つの人格である場合にはその要件を満たしているからである。よって、この場合、キリスト教徒の主権者のもとでキリスト教徒の民衆が一体となっているキリスト教的国家こそが、聖書を法として定めていることになる。他方、(II)の場合、教会は人々に対していかなる命令もできないため、聖書を法として定める権威をもたないことになる。というのは、一つの人格でなければ、何かを命じることはできないからである。よって、この場合、国家がその権威をもつことになるだろう。しかし、

キリスト教世界において、教会が聖書に対していかなる権威ももたないという事態は、現実には考えにくい。そのため、実質的には(I)の場合が想定されるべきであろう。

　しかし、これについても、さらに二つの場合が考えられる。それは、(i)全キリスト教徒が一つの人格をもった主権者のもとで一体となっている教会、すなわち普遍的教会が存在するか、(ii)存在しないかである。もし存在するならば、普遍的教会こそが聖書を法として定める唯一の権威となる。なぜなら、この場合、普遍的教会は全キリスト教徒を含む一つの大きなキリスト教的国家であるため、自身もキリスト教徒である世俗の王たちはみな私人として普遍的教会の主権者である法王に従わなければならないからである。他方、もし存在しないのであれば、キリスト教的国家において主権をもつ王や合議体が、聖書を法として定める権威をもつことになる。

　こうした想定が重要であるのは、これがまさに16世紀以来のヨーロッパの状況に対応しているからである。実際、ここで示された(i)と(ii)の場合は、ローマ・カトリック教会と世俗のキリスト教的国家のどちらが、聖書を解釈する権威をもつのかという「宗教上の事柄に関する権利 (jus circa sacra)」をめぐる問題の構図と即応している。[8]それゆえ、聖書の権威に関する問いは、最終的には次の問いへと帰着することになる。

　　キリスト教徒の王や、キリスト教的国家において主権をもつ合議体は、直接的に神の下で、自らの領土において絶対的であるのか。それとも、普遍的教会の上に設けられたキリストの代行者に従属し、その代行者が共通の善のために有益または必要であると考えるのにしたがって、判決を下されたり、断罪されたり、退位させられたり、死刑に処されたりするのか。(*Leviathan*, Chap. 33; p. 606)

　ここにおいて、従来神学が論じてきた「聖書の権威は何に由来するのか」という問いは、完全に政治学の問いへと変換される。[9]これこそが、聖書を法の問題として扱うことに他ならない。

3. 神学ないし神の言葉——スピノザの場合 (1)

　こうしたホッブズの神学批判に対して、スピノザの神学批判はどのような特質をもつものとして現れるのだろうか。スピノザによる神学者への批判が明確に語られる『神学政治論』第7章の一節を確認することから始めたい。そこでは、「聖書は神の言葉であり、神の言葉が人間に真なる至福や救いの道を教えてくれると、口では誰もが言うが、実際にしていることそのものにおいては、全く異なることを示している」（TTP 7, §1）と前置きがなされた上で、次のような批判が述べられる。

　　実際、人々は聖書の教えにしたがって生きることを全く顧慮していないように思われるし、われわれの見るところ、ほとんどすべての人が自らの思いつきを神の言葉として吹聴し、宗教という口実の下で、自らの思い通りになるように他人を強制しようと躍起になっている。思うに、われわれの見るところ、神学者たちは自らの仮想や意見をいかにして聖なる言葉からもぎ取るのか、いかにして神の権威によってそれらを強化するのかを主に気にかけており、ためらうことなく大胆に、聖書ないし聖霊の精神を解釈している。
　　（TTP 7, §1）

　ここから二つのことが読み取れる。第一に、人々が自らの意見を聖書と結びつけて語ることが批判されるのは、その意見自体が誤っているからではなく、むしろそうした意見が宗教という口実の下で、他人を自らに従わせる手段になりうるからである。第二に、その点においては、神学者たちがしていることは、それ以外の人々がしていることと変わらない。どちらも自らの意見と結びつくように聖書を思うまま解釈することで、その意見を権威づけ、他人を従属させようとしているのである。ホッブズが誤謬の源泉として大学の影響力を重視したのに対して、スピノザがここで強調するのは、むしろこうした事態が人間の共同的な生のさまざまな水準において見いだされることである。
　神学者をはじめとする人々がこのように聖書を曲解することを許す最大の要因は、一般に人々が聖書の中に「人間のいかなる言語によっても説明されえな

いほど深遠な神秘」(TTP 13, §2) が存在すると考えているからである。そう考えるからこそ、とりわけ神学者たちによって、さまざまな哲学上の学説が聖書の記述と結びつけられてきたのである。しかし、スピノザからすれば、これは神学と哲学の混交に他ならない。というのは、聖書が教えているのは、「神に服従せよ」というきわめて単純なことだけであり、それ以外のいかなる哲学的な真理も聖書の中には含まれていないからである。したがって、聖書を正しく解釈するには、その記述を哲学上の学説と結びつけることなく、聖書そのものの意図を解明しなければならない。そして、そのためには神学は哲学から分離されなければならないのである。

　では、神学と哲学はどのように区別されるべきなのだろうか。『神学政治論』第14章および第15章におけるスピノザの見解をまとめれば、次のようになる。

	神　学	哲　学
対　象	聖書、啓示	自然
目　的	服従、敬虔	真理
基　礎	ヒストリア、言語	共通概念（公理）
確実性	実際的確実性	数学的確実性

　第一に、対象については、哲学が自然を扱うのに対して、神学は聖書や啓示を扱うものだとされる。第二に、目的については、哲学が真理を解明することを目指すのに対して、神学は神に服従し、敬虔になることを目指す。第三に、それぞれを成り立たせている基礎については、哲学は共通概念ないし公理を基礎にしながら推論を通して探究されるのに対して、神学は聖書の文献学的な考証（ヒストリア）[10]と言語に関する知識[11]を基礎にして探究される。というのは、聖書の意図を十全に理解するには、まず聖書という書物そのものの性格を十全に知らなければならないからである。第四に、それぞれにおいて要求される確実性については、哲学においては、それが真であることを論証することができるという場合の確実性、すなわち「数学的確実性 (certitudo mathematica)」が要求されるのに対して、神学においては、それが真であることを論証はできないが、真であるとみなすという場合の確実性、すなわち「実際的確実性 (certitudo moralis)」が要求される。というのは、聖書に書かれている預言者の言葉は、

確かにいかなる共通概念ないし公理によってもそれが真であることを論証することはできないが、にもかかわらず、われわれは聖書を読む時、それを真であるとみなしているからである。[12] 聖書の意図を解明する上で関わるのは、この意味での確実性である。

こうした神学と哲学の分離は、実は1650-60年代にオランダ・デカルト主義者たちが提出していたテーゼでもある。実際、その代表的な論客の一人、レイデン大学の神学者クリストフ・ヴィティヒ（Christoph Wittich）もまた、哲学は自然を対象とし、理性の光によって真理を探究するのに対して、神学は聖書を対象とし、啓示によって救いを目指すというように、神学と哲学を対象・目的・原理によって区別した上で、両者の混交を戒めている。[13] この点だけを見れば、スピノザが主張する神学と哲学の分離の発想と一致していると言える。

しかし、スピノザの主張は、最終的にはオランダ・デカルト主義者たちの発想を大きく踏み越えることになる。それが明確に表れるのが、「神学」の定義においてである。

> 私はここで「神学」とは、要するに、聖書が企図しているとわれわれが述べたところの目的（つまり、服従する仕方ないし手法、あるいは真なる敬虔と真なる信仰の教義）を表すかぎりにおける啓示のことである、すなわち本来的な意味で神の言葉と呼ばれるもののことである、と解する。（TTP 15, §6）[14]

「神学（theologia）」は一般的には「神に関する学知（scientia de Deo）」ないし「神に関する教説（doctrina de Deo）」と定義される。実際、スアレス『形而上学討論集』やヘーレボールト『哲学探究（*Meletemata philosophica*）』には、そうした記述が見いだせる。[15] しかし、スピノザがここで言う「神学」は明らかにそれとは異質である。「神学」とは、theosに関するlogosなのではなく、theosのlogos、つまり神が語った言葉そのものなのである。[16] この引用の直後に登場する「神学ないし神の言葉」という表現も、その意味において用いられている。

これはきわめて大きな意味の転換である。[17] なぜなら、この定義に従うならば、神学とは神の言葉そのものであり、それが教えるのは「神に服従せよ」という命令だけだからである。そこにおいては、従来神学者たちが「神学」の名の下

で論じてきた神に関する知は、もはや神学のうちには含まれない。むしろすべて哲学の領域に移し替えられることになる。これがスピノザにおける神学と哲学の分離の帰結である。したがって、スピノザの神学者批判は、伝統的な神学の枠組みそのものの転覆も含んでいるのである。

　しかし、これは単に学問区分の議論にとどまるわけではない。むしろ神の言葉としての神学という発想は、われわれの実践的な生に対して重大な意義をもつことになる。次節ではこの点をさらに考えてみたい。

4. 真なる信仰と服従の効用──スピノザの場合 (2)

　神の言葉としての神学は、われわれに「神に服従せよ」という命令のみを教える。このことがわれわれの生に関わるのは、もっぱら「信仰 (fides)」においてである。そこで、まず『神学政治論』第14章で示される「信仰」の定義を確認することから始めよう。

　　[信仰とは] それを知らなければ、神に対する服従が取り除かれ、かつこの服
　　従があれば、それが必然的に与えられるという、そうしたものを神について
　　感じ取ることに他ならない。(TTP 14, §5)

　信仰においてわれわれが感じ取るものは、それがなければ、われわれが神に対して服従することがなくなってしまうものであると同時に、われわれが神に対して服従するかぎりは、われわれがもっているものである。つまり、神への服従の要件となっているものを感じ取ることこそが信仰なのである。

　ここから二つのことが帰結する。第一に、信仰において感じ取るものが、神への服従の要件であって、条件ではない以上、信仰には神への服従を伴うものと伴わないものの2種類があることになる。前者が真なる信仰で、後者が偽なる信仰である。このうち、神の救いをもたらすのは、真なる信仰だけである。これら2種類の信仰によって、神に対して服従する敬虔な者と、神に背いて自己の快に従う不敬虔な者が区別されることになる。

　第二に、信仰が真なるものであるかどうかは、信仰する者が抱いている宗教

上の教義そのものの真理性とは全く関係なく、神への服従を伴うかどうかのみ
に依存する。それゆえ、真なる信仰から何らかの真理を示すような学知を引き
出すことはできない。『神学政治論』においては、「知解するために信じる」の
ではなく、「服従するために信じる」ことこそが求められるのである。

　では、真なる信仰、すなわち神への服従を伴う信仰は、われわれの生におい
ていかなる効用をもっているのだろうか。『神学政治論』では、二つの効用が
考えられている。

　第一の効用は、われわれが神の正義と慈愛を模倣することによって[18]、社会の
中でよりよく生きるための正しい生活指針（recta ratio vivendi）を形成すること
である。

> 神は預言者を通して人間に、次のもの以外の神についてのいかなる認識も求
> めていない。それは、神の正義と慈愛についての神的な認識、つまり人間が
> 一定の生活指針として模倣することができる神の属性［についての認識］[19]であ
> る。（TTP 13, §8）

　聖書から得られる神についての認識のうちには、従来の神学において論じら
れるような神の属性に関する認識はほとんど含まれない。かろうじてそこに含
まれるのは、神の正義と慈愛に関する認識のみである。しかし、われわれは聖
書を通してそれらを模倣することによって、社会の中で絶えず他者に対して正
義と隣人愛をもって生活する術を学び、その術を生活指針として記憶にとどめ
ておくことができる。そうした記憶は、『エチカ』第5部定理10備考によれば、
われわれに生活指針の表象像を常に現在するものとして提示し、外的事物から
の触発によって生じた表象像にその生活指針の表象像を結びつけることで、憎
しみや怒りなどの受動的な感情を制御する役割を果たすことになる[20]。

　第二の効用は、常に理性にしたがって徳を発揮することができるわけではな
い大多数の人間にとって、神の救いがあることを教え、慰めを与えることである。

> 実際、単純な服従が救いへの道であることを、われわれは自然の光によって
> は知得しえず、むしろ啓示のみが、理性によってはわれわれが達することが

できない神の個別的な恩寵から生じたことを教えるのだから、そのことから
聖書が死すべき者どもにきわめて大きな慰め（solamen）をもたらすというこ
とが帰結する。実にすべての人が無条件に服従することができるのであり、
理性の指図のみから徳の習性を獲得する人は、全人類と比べれば、きわめて
少数に限られる。したがって、もしわれわれがこの聖書の証言をもっていな
かったならば、われわれはほぼすべての人の救いについて疑っていたことだ
ろう。（TTP 15, §10）

　スピノザの言う「救い」とは、最終的には神を認識し、至福に到達すること
である。「理性の指図のみから徳の習性を獲得する人」は、理性の本質を知解
することを通して、徳を遂行することが救いにつながることを認識する。それ
は、論証可能であることから、数学的確実性をもった認識であると言える。だ
が、理性の本質を知解しない人であっても、神に服従することを通じて、救い
そのものがないのではないかという疑いを排することができる[21]。その際、彼は
なぜ救われるのかは分からないけれども、救いそのものがあることを知ってい
る。この知は、論証可能ではないため、数学的確実性に基づいた知ではないが、
われわれの生において真であるとみなすべきであるという点で、実際的確実性
に基づいた知である。その意味で、確かに服従は救いそのものにはならないも
のの、理性の本質を知解しない大多数の人間に対して、救いがあることを教え
る「救いへの道」になる。神への服従を説いた聖書が「大きな慰め」となるの
は、そのためである。
　服従のこれら二つの効用は、第14章で提示される「普遍的信仰の教義」の
うちにも書き込まれている。実際、七つの項目からなるこの教義においては、
神の実在と本性に関する五つの項目に続いて、次の項目が掲げられている。

　五、神への崇拝および服従は、正義と慈愛ないし隣人愛にのみ存する。
　六、この生活指針によって神に服従する者のみがすべて救われる。他方、快
　の支配の下で生きる残りの者たちは破滅する。〔……〕
　七、最後に、神は後悔する者に対して罪を赦す。というのは、罪を犯さない
　人などおらず[22]、それゆえもしこのことが打ち立てられなければ、すべての人

が自らの救いについて絶望することだろうし、神が慈悲深いことを信じる理由もなくなるだろうからである。〔……〕（TTP 14, §10）

　このうち、五つ目では、われわれが神に服従することを通して、社会の中で正義と隣人愛をもって生きることが表明され、六つ目では、正義と隣人愛を生活指針とする者だけが救われることが説かれている。そして、七つ目では、神が罪を赦すという救いがあることを人々に教えることで、理性的な認識をもたない人も含め、すべての人に対して、絶望に陥るのを防ぐ手立てを与えている。ここから、五つ目と六つ目が先に挙げた第一の効用に対応し、七つ目が第二の効用に対応していることが分かる。このように、服従の二つの効用は、信仰のあり方そのもののうちに初めから織り込まれていたのである。

　したがって、「神に服従せよ」という命令を教える神の言葉としての神学は、信仰と服従を通して、われわれに正義と慈愛の生活指針を立てさせるとともに、確かに救いはあるのだという慰めを与えるという点で、われわれの実践的な生に大きく関わっているのである。

5. 結　　論

　ホッブズは宗教に関わる誤謬を社会にまき散らさないように、大学において神学を空虚な哲学から切り離すことを求める一方で、神学が従来論じてきた問題を法の問題として捉え直した上で、それを政治学の領域において扱うことを目指した。これに対して、スピノザは神の言葉を濫りに解釈する人々から神の言葉を救い出した上で、その価値を正当に評価するため、伝統的な神学の枠組みを破壊し、「神の言葉としての神学」という発想を打ち出した。このような神学は、神についての認識を手放したものの、人々に生活指針を立てさせ、慰めを与えるという聖書本来の有用性を浮かび上がらせることになった。

　ホッブズとスピノザにおけるこうした神学批判の戦略には、少なくともその理論上においては、福岡が描き出した聖書解釈の両極性よりもはるかに強い両極性を見て取ることができる。というのも、ホッブズが神学の領分を政治学の領分へと移し替えたのに対して、スピノザは神学そのものの枠組みを再構築し

ているからである。したがって、今後われわれはこのより強い両極性が17世紀オランダの学者たちにどのように作用したのか、あるいは作用しなかったのかを解明する必要がある。そのためには、再び歴史的コンテクストに戻って、当時の文書を包括的に検討しなければならないだろう。

● 凡例

　　各著作の参照箇所の表記は、ホッブズ『リヴァイアサン』については、章番号とともにオクスフォード版の新全集の頁数を示した。スピノザ『神学政治論』（略号：TPP）については、章番号とアッカーマンによる節番号を示した。

1)　聖書解釈に関わるホッブズとスピノザの議論の比較については、ポプキンに代表されるように、聖書の権威という論点において、『アダム以前 (*Prae Adamitae*)』の著者であるラ・ペイレール (La Peyrère) の流れをくむ議論にもっぱら焦点が置かれてきた (Cf. Richard Popkin, *The History of Scepticism: From Savonarola to Bayle*, Oxford/New York: Oxford University Press, 2003)。だが、近年ライプニッツ研究者のレルケが、当時の論争を通して哲学史を把握する試みの一つとして、「宗教上の事柄に関する権利 (jus circa sacra)」をめぐる論争史の中に、ホッブズとスピノザを置き入れて、分析を試みている (Mogens Lærke, "Jus circa sacra: Elements of theological politics in 17th Century Philosophy: From Hobbes and Spinoza to Leibniz", *Distinktion: Scandinavian Journal of Social Theory*, 6:1, pp. 41-64, 2005; *Leibniz lecteur de Spinoza : La genèse d'une opposition complexe*, Paris: Honoré Champion, 2008, pp. 181-275)。法制史を背景としているという点に違いがあるものの、福岡の研究もこの潮流の中に位置づけることが可能である。また、これとは別に、ステーンバッカースらは、スピノザの聖書解釈を中心に据えた上で、17世紀の聖書解釈史を描き直す作業をしている。だが、そこにおいては、ホッブズの聖書解釈はスピノザに直接的に影響を与えたものではないとして周縁的に位置づけられることになる (*Scriptural Authority and Biblical Criticism in the Dutch Golden Age: God's Word Questioned*, edited by Dirk van Miert, Henk Nellen, Piet Steenbakkers, and Jetze Touber, Oxford: Oxford University Press, 2017)。

2)　Atsuko Fukuoka, *The Sovereign and the Prophets: Spinoza on Grotian and Hobbesian Biblical Argumentation*, Leiden: Brill, 2018.

3)　したがって、『リヴァイアサン』では強調されないものの、神や天使といった超自然的な対象を扱う神学は、哲学には属さないとされる (*De Corpore*, Chap. 1, 8)。ホッブズにおいては、哲学と「学知 (scientia)」は同義であるため、神学は学知ではないことになる。しかし、だからといって、ホッブズの哲学体系において「神」が重要な役割を果たさないわけではない。むしろマルティニッチが論じ

るように、ホッブズの宗教論はその政治論に対して、従来考えられてきたよりも
はるかに重大な影響を与えており、もはや宗教論と政治論を切り離して評価する
ことは不可能である（A. P. Martinich, *The Two Gods of Leviathan: Thomas
Hobbes on Religion and Politics*, Cambridge: Cambridge University Press,
1992）。

4)　ホッブズによるアリストテレスの本質概念批判の源泉は、一般にスアレスら近世
スコラ哲学者に求められるが、パガニーニはむしろロレンツォ・ヴァッラらイタ
リア・ルネサンス期の人文主義者に求められる可能性を指摘している（Gianni
Paganini, "Hobbes's Critique of the Doctrine of Essences and Its Sources", in
The Cambridge Companion to Hobbes's Leviathan, edited by Patricia Spring-
borg, Cambridge/New York: Cambridge University Press, 2007, pp. 337-357）。

5)　ホッブズの言う「物体」は、「魂」と対になる概念ではなく、偶有性という「非
物体的なもの」と対になる概念で、「存在者（ens）」と同義である。実際、トマ
ス・ホワイト『世界論』への反論として書かれた初期の草稿には、「存在者と物
体は同じものである」という表現が見られる（*Critique du de Mundo de Thom-
as White*, Cap. 27, §1）。

6)　『リヴァイアサン』第4章では、「非物体的な物体」や「非物体的な実体」は「円
い四角形」と同様に矛盾した表現であると言われている。また、第34章では、
聖書に記されている霊や天使が非物体的な実体ではないことを論じている。

7)　他方でホッブズは別の箇所で次のように大学の肯定的な役割にも言及している。
「民衆の教導が大学における若者の正しい教育に全面的に依存していることは明
らかである」（*Leviathan*, Chap. 30; p. 532）。

8)　「宗教上の事柄に関する権利」をめぐる問題の歴史的背景については、Fukuoka,
The Sovereign and the Prophets, pp. 14-52を参照。なお、ホッブズはキリスト
教的国家が聖書を解釈する権威をもつ例として、イングランド王が首長を兼ねる
イングランド国教会を念頭に置いている。

9)　しかし、藤原保信がすでに指摘していたとおり、このように諸派の神学者のイデ
オロギー性を批判するホッブズが、同時にイギリス国教会の擁護者としての一面
を備えていたことの問題は、これとは別に考察されなければならない（Cf.『藤原
保信著作集1　ホッブズの政治哲学』佐藤正志・的射場敬編、新評論、2008年、
331-336頁）。

10)　ここで言うhistoriaは、単に「歴史」や「物語」という意味だけでなく、「自然
誌（historia naturalis）」という表現におけるhistoriaと同じ意味、すなわち「調
査すること」という意味も重ね合わされている。PUF仏訳版では、これを表す
時にenquêteやenquête historiqueという訳語を充てている。

11)　スピノザは、聖書を正しく解釈するには、聖書が書かれた当時のヘブライ語の言
語状況を把握する必要があると考えている。リカータによれば、それこそが『神
学政治論』第7章における「ヘブライ語の総体的な認識（linguae Hebraicae in-
tegra cognitio）」（TTP 7, §11）という表現の意味である（Giovanni Licata,

"Spinoza e la *cognitio universalis* dell'ebraico: Demistificazione e specualzione grammaticale nel *Compendio di grammatica ebraica*", *Giornale di Metafisica*, Vol. 31, No. 3, 2009, pp. 625-662)。

12)　実際的確実性そのものの問題に関しては、以下を参照。Alexandre Matheron, *Le Christ et le salut des ignorants chez Spinoza*, Paris: Aubier Montaigne, 1971, pp. 209-225および上野修「予言の確実性をめぐって――スピノザの予言論」『スピノザ『神学政治論』を読む』ちくま学芸文庫、2014年、131-155頁。

13)　この発想は、初期の『二論文（*Dissertationes duae*）』（1653年）から『聖書の真理とデカルト哲学の真理との一致』（1659年）を経て、主著『平和な神学（*Theologia pacifica*）』（1671年）に至るまで、一貫して見いだせる。

14)　畠中訳では「余は茲に神学を以て狭義に啓示のことと解する、但しそれは我々がさきに述べた聖書の目的（即ち服従の手段方法、或は真の敬虔並びに真の信仰の教義）を、換言すれば人が本来の意味で神の言葉と名づけてゐるところのもの〔……〕を表示してゐる限りに於ての啓示である」（下巻、154-155頁）となっており、「神の言葉」は「聖書の目的」と同格として訳されている。しかし、まさにこの直後に「神学ないし神の言葉」という表現があることを考えれば、「神の言葉」は「啓示」と同格になっていると捉えるべきである。

15)　Cf. Francisco Suárez, *Disputationes metaphysicae*, Disp. 1, Sect. 1, 8; Adriaan Heereboord, *Meletemata philosophica* (1665), II, Disp. 9, 2.

16)　古典期のギリシア語には、θεολογεῖν（神について語る）、θεόλογος（神について語る人＝ホメロスやヘシオドスら詩人）といった単語があるため、語源的に言えば、スピノザのこの理解には無理がある。

17)　この点を強調する研究者は少数である。それどころか、最近刊行されたスピノザの概説書の中では、「キリスト教の伝統と一致して、スピノザは神学を神の言葉や聖書と同一視している」という説明が与えられている（*The Continuum Companion to Spinoza*, edited by Wiep van Bunge *et al.*, London/New York: Continuum, 2011, p. 327)。これは、『神学政治論』におけるスピノザの意図を覆い隠すことになるだろう。例外的に、『神学政治論』のイタリア語訳者でもあるトタロが、この意味の転換の重要性を指摘している（Cf. Pina Totaro, *Instrumenta mentis, contribute al lessico filosofico di Spinoza*, Firenze: Leo S. Olschki editore, 2009, pp. 218-219)。

18)　つまり、神の言葉としての「神学」とは、神の属性を学ぶことではなく、神の属性にまねぶ（学ぶ）ことである。その点で、『神学政治論』においてtheologiaを一貫して「神学」と訳すのは、むしろ適切かもしれない。

19)　原文ではDei Attributa（対格）だが、諸訳にしたがって、文意からDei Attributorum（属格）に訂正して読む。

20)　ただし、聖書を通して生活指針を形成する場合、『エチカ』第4部のように、論証を通して公理から生活指針を導き出す場合と違って、なぜその生活指針が真であるのかについての認識は伴わない。ただその生活指針が重要であると知るのみ

である。言い換えれば、数学的確実性によって生活指針が真であると論証するの
ではなく、実際的確実性によって生活指針が真であるとみなすだけである。

21）　したがって、『知性改善論』の冒頭で描かれる空虚な生のあり方は、敬虔な者の
実践的な生のあり方とは異なる。それはむしろデカルト主義の読者を念頭に置い
て仮定的に提示された生のあり方だと考えるべきであろう。

22）　初版からゲプハルト版までは、原文のsi igiturの直前にセミコロンを置いている
が、アッカーマンの校訂版ではピリオドに変更した上で、si igitur以下をenim
節の外に出している。これは文意から考えて不適切である。ここでは初版にした
がって訳出した。

The Strategies of the Critiques of Theology in Hobbes and Spinoza

KASAMATSU Kazuya

As part of the process of uncovering the background of Spinoza's *Theological-Political Treatise*, Spinoza scholars have recently advanced the research that situates Hobbes and Spinoza in the historical contexts of 17th-century Netherlands. One of its recent accomplishments is Atsuko Fukuoka's *The Sovereign and the Prophets*, where she focuses on the debates on *Jus circa sacra* (the right concerning the religious matters) and illustrates how Spinoza's biblical interpretation appeared an alternative for the readers of Hobbes in 17th-century Netherlands. Nevertheless, we cannot completely reduce the thoughts of Hobbes and Spinoza into the historical contexts. In this article, we analyze their strategies of the critiques of theology and clarify the uniqueness of their thoughts.

In *Leviathan* Part IV, Hobbes identified the linkage of Christianity with vain philosophy in scholastic theology as the main source of errors concerning religion, and maintained that both should be separated not to scatter erroneous doctrines in our society. At the same time, in *Leviathan* Part III, he converted the problems which were argued in traditional theology, especially the problems of the authority of the Bible, into those of law, which were treated in the domain of politics.

On the other hand, in Chapters 14 and 15 of the *Theological-Political Treatise*, Spinoza criticized people who abused the Word of God. Then he tried to save it from them and estimated its proper value. For this, he established the conception of "theologia sive Verbum Dei." Although this redefined theology no longer contains the knowledge about God's Attributes except Justice and Charity, it clarifies the proper utility of the Bible, which makes people formulate the right ways of living and gain consolation through their faith and obedience.

In their strategies of the critiques of theology, we find the much stronger polarity than that Fukuoka illustrates concerning their biblical interpretation. In fact, while Hobbes moved the problems about the religious authority from the domain of theology into that of politics, Spinoza reconstructed the framework of theology itself.

Therefore, in order to evaluate the two philosophers, we must elucidate how this stronger polarity affected or did not affect 17th-century Dutch scholars. For this task, it is necessary to go back to the historical contexts and wholly examine the documents of that time.

〈公募論文〉

変化を通じて自らが　　　　　　 「自然の一部」であることを信じる

——書簡32におけるスピノザの論証

立花　達也

序　　文

　スピノザはオルデンバーグと交わしたEp. 32において、私たちが「自然の一部 pars Naturae」であると信じる理由を示そうと試みている。本稿の目的は、この理由について新しい解釈を提示することである。[1] 簡潔に言えば、スピノザはこの書簡で、私たちが「自然の一部」であることを私たちに現に生じている変化を拠りどころにして結果から原因へと遡るように証明しようとしているのだというのが筆者の主張である。ただし、スピノザ自身はそれを明示的に証明として述べていないため、ここに証明があるということ自体を解釈として正当化する必要がある。そのために、本稿ではEp. 32の一部（IV. 171, 18-173, 8.）を変化の概念（正確には、変容 variation）に着目して読み解いていく。

　近年、Laveran (2014, 155-60) やAndrault (2014, 64-78) のように、Ep. 32をその中に現れる変化に関する概念に着目して読む読解が登場しており、本稿もこれらの研究に多くを負っている。前者は、『短論文』から『エチカ』にかけてスピノザにおける「全体」の概念が変遷する過渡期のテクストとしてEp. 32をとらえており、その際に、この書簡において物体が「部分」であることの条件としてその変化ないし触発が論じられていることを重視している。後者は、この書簡では部分同士の適合に加えて、部分が被っている変化の強度もまた強調されているのだと主張している。いずれにおいても、変化の概念はこの書簡における物体間の相互作用の重要性を印づけるものとして注目を受けている。

本稿はこうした文脈のうえに位置付けられ、さらにスピノザの議論それ自体にとってもこの概念がなくてはならないことを示す。

　紙幅の関係上、Ep. 32がいかなるテクストであるかの詳しい説明は省かざるをえない。そこで本稿ではまず、筆者の解釈のための予備的考察を示す（第1節）。そのあとで、外部の不在という虚構のもとに変化の概念が導入されていることを確認し、その含意を明らかにする（第2節、第3節）。そして、自然としての宇宙全体がすべての物体から成るという議論においても変化の概念が組み込まれていることを確認し、その含意を明らかにする（第4節，第5節）。最後に結論として、変化を通じて自らを「自然の一部」として信じる理路をまとめたうえで、その論証がアポステリオリな性格をもつことを示し、『エチカ』での議論との関わりを示唆して終わる。

1. 予備的考察

　今後の議論で必要な限りにおいて、Ep. 32について予備的考察を行う[2]。まず、スピノザがこの書簡を書いた直接の目的を確認しよう。それは、私たちが「自然の一部」としてその全体と一致し、残りの諸部分と連結しているのだと信じる理由を提示することである（cf. IV170, 1-3）。だが彼は、その一致や連結の仕方が実際にどのようであるかはわからないと言う。そのためには「自然全体とそのすべての部分を知る必要がある」のだが、それは不可能であるからだ（IV170, 5-6）。つまり、ここで問題になっているのは、その具体的な機序は別として私たちが「自然の一部」であると説得されるような理由なのである。

　この理由を示すためにスピノザは、「部分の連結」および「部分」と「全体」の定義から説き起こしている。彼はまず、部分同士の連結を、諸事物が互いに相手の本性にあわせて自らを適合させているような事態として理解する。そして全体と部分について彼は、ある諸事物が「可能な限り互いに調和するように自らの本性が互いに適合しあう限りにおいて」、それらを「ある全体の部分」と見なすのであり、他方で、ある事物が「互いに不調和である限りにおいて、他のものから区別される各々の観念が私たちの精神のうちに形成され」ることで、それを全体として見なすのだと言う（IV 170, 12-171, 1）。ここでのポ

イントは、あるものの部分性あるいは全体性を同じ水準の他のものとの関係、いわば水平的な関係によって定義することにある。[3] さらに彼は、部分と全体を説明するために血液という例を挙げる。リンパと乳糜、その他の粒子たちが互いにあわせて自らの運動を適合させあうときには、それらは血液という全体の部分としてみなされる。反対に、たとえばリンパの運動が乳糜の運動と不調和であると考える限りにおいて、リンパと乳糜の各々が一つの全体としてみなされるのである。

　そのうえスピノザは、血液のなかに住む虫を虚構するように促す。この虫は血液の他の部分のふるまいを観察し、識別するための「視覚」と「理性」を備えている（IV 171, 9-10）。しかし、自分がそこに住み、その一部を成しているところの血液全体を把握することはできない。そして、「この虫は、ちょうど私たちが宇宙のこの部分に住んでいるように、この血液のなかに住んでいる」と彼は言う（IV 171, 13-14. 傍点引用者）。つまり、いかにして自らを「自然の一部」として信じるに至るかということについて、この虫と私たちとは同じ立場に置かれている。本稿ではこの比喩をそのままに受け取ることにしよう。要するに、この書簡の部分全体論には、全体への認識が制限されたこの虫＝私たちが何を通じて自らを「自然の一部」と信じうるかが賭けられているのである。以上が、本稿が依拠する前提である。

2.　外部の不在という虚構

　Ep. 32で用いられる虚構として「血中の虫」が取り上げられることは多い。しかし、スピノザがすぐさま、血液の外部の不在というもう一つの虚構を付け加えていることを見逃してはならない。それによって、ある全体について考える際に、その部分のうちに生じている「変容 variatio」に着目するという理路がもたらされるからである。

　スピノザはまず、外部の不在という仮定から（事実に反する）二つの帰結を引き出している。それらはいずれも、血液が閉じた一つの全体である場合に、その部分がいかなる状態に置かれるかを示す。なお、以下では基本的にスピノザが手元に置いていた書簡（以下、OP版と表記）を読み、英国王立協会のもとに保

存されていた同書簡の別バージョン（以下、RS版と表記）との重要な差異は注や本文にて示すことにする。

　もし私たちが、血液の外部には血液に新しい運動を共有するいかなる原因も存在せず、また血液の外部には血液の粒子が自己の運動を伝えうる何らの空間、何ら他の物体が存在しないと想像するなら、<u>血液はつねにそれ自身の状態にとどまる</u>₍₁₎ことになり、<u>その粒子はリンパ、乳糜、その他に対する血液の運動の所与の関係から考えられうる以外のどんな変容［variationes］も受けない</u>₍₂₎ことが確かであり、そしてこのようにして血液はつねに部分としてでなく全体として考察されなければならなかったでしょう。(IV. 171, 18-172, 8. 下線・傍点引用者)

　第一に、血液は「つねに同じ状態にとどまる」とされる（下線部①）。ここには慣性に似た考え方を見出せるかもしれない（*cf.* DPP 2, 14）。なんにせよここでは、あるものに生ずる変化はつねに外部にのみ由来することが暗黙の前提となっている。仮に自発的な変化がありうることを認めるなら、外部の不在だけから状態の恒常性を導出できないからだ。つまり、血液に外から運動を伝えるような物が何もないならば、自発的な変化はありえないという前提のうえで、それはつねに同一にとどまる。
　それに対して第二の帰結では、その場合でも血液の粒子には変化が生じているとされている。下線部②では、血液の運動の「所与の関係 data ratio」から考えられるような変化だけが粒子のうちに認められている。「所与の関係」がいかなるものかは不明瞭だが、RS版からは、それが「リンパや乳糜、その他の相互に対する運動の関係」であり、しかも同時に「血液の本性」を指すことが伺える（続く引用箇所の下線部③も参照）。つまりここでは、血液の本性をなす諸部分の相互関係が念頭に置かれているのである。たしかに、血液のある部分、たとえばリンパにとっては乳糜やその他の粒子がその外部として在るため、それらに由来する変化がリンパのうちに生じうる。ただし、この変化はあくまで限定的である。血液が閉じた全体として想定される以上、このシステムを構成する要素としてのリンパと乳糜、その他の粒子に生ずる変化もまた、一定の範

囲内にとどまるだろう。

　以上の記述のうちに認められるのは、ある事物の変化はそれと外部の事物とのあいだの関係によって帰結するという前提である。たとえば、物体Aに生ずる変化は物体Aと物体Bのあいだの関係から帰結する、というように。いいかえれば、ある事物に生ずる変化はその事物だけを見ている限りでは理解されえないことになる。スピノザはこの前提を説明なしに導入していることになる。とはいえ、このような考え方はとくに直観に反するものではない。なお、スピノザは『エチカ』においては、ある事物に生ずるすべての変化は、当の事物と外部の事物の両方を原因として帰結するということを公理として提示している（E2P13L3のあとのAx1, cf. E2P16）。

　スピノザは次に、実際には外部を有するこの血液にはいかなる変化が生ずるのかを、二種類の「相互関係」に焦点を当てることを通じて示している。先の虚構による思考がもつ意義は、続くテクストで実際上の事態と対比させられることによって初めて理解されるだろう。

　　だが実際には、血液の本性の諸法則を一定の仕方で抑制するような多くの他[5)]の原因が存するのであり、またそれらは逆に血液によって抑制されるのですから、この結果として、血液の諸部分の運動の相互に対する関係[(3)]のみから [a sola ratione motus ejus partium ad invicem] 帰結するのではなく、血液の運動と外部の諸原因の運動の相互に対する関係[(4)][6)]からも [a ratione motus, sanguinis, & causarum externarum simul ad invicem] 帰結するような他の運動や他の変容が、血液のなかに生ずる[7)]ことになります。この点からすれば、血液は全体としての意味を失い、部分としての意味をもつのです。以上、私は全体と部分について述べました。（IV. 172. 下線・傍点引用者）

　第一の関係は、リンパと乳糜、その他を一つの血液を合成する諸部分として考察させるところの関係である（下線部③）。なぜこの関係をそのようにみなせるかというと、これは血液の外部が不在であるという想定においても諸部分がそれのもとに置かれているところの関係であり、それゆえ先の下線部②の「所与の関係」と同一視されるからだ。諸部分の運動の相互関係であり、全体とし

ての血液の本性を同時に規定するところのこの関係を、以下では便宜的に「構成関係」と呼ぶことにする。すでに見た通り、構成関係においても、血液の諸部分は一定の変化を互いから被っている。

　ところがいまや、実際には血液の外部にもさまざまな物体が存在するのだと言われている。血液は実際には、外部の諸原因によって触発され、逆に外部の物体を触発する関係に置かれているのである。この第二の関係（下線部④）を、以下では便宜的に「触発関係」と呼ぶことにする。実際には、構成関係だけでなく、触発関係に由来する変化もまた、血液の粒子のなかに生じている。OP版では「血液のなか」の変化について述べられているが、これはRS版にしたがって、厳密には「血液の粒子」すなわち血液の部分に生ずる変化が問題になっていると見るべきだろう。そうでなければ、構成関係から帰結する変化についても触れられていることに説明がつかない。下線部①で示されていたとおり、構成関係だけを考える限りにおいて血液そのものは同じ状態にとどまるはずだからだ。それゆえ、彼はあくまで血液の部分に生ずる変化を問題にしているのだと結論できる。

　要するに、血液とその外部の関係は、その部分のうちに、血液のみが孤立しているときにも生じている変化以上の「他の変容」を生じさせるのである。このとき私たちは、結果から原因へと遡るように、次のように推論することが許される。すなわち、血液の部分に生じている変化が同じ血液を構成する他の部分との関係のみによって説明されえないときにはつねに、血液そのものの外部に物体が存在し、かつ血液がそれと触発しあう関係のうちにあるだろう。したがって、その限りにおいて血液は全体ではなく、それ自体がなんらかの全体を構成するような部分としてみなされるだろう、と。このようにして、血液のなかに住む虫でさえ、血液全体を把握することなしに自らが血液よりも大きな全体の部分であることを信じることが可能となるのである。

3.　変化と階層性

　前節で読んだ個所が、変化と階層性に関する重要な含意をもつことを明らかにしておきたい。前節のように変化をとらえたならば、次のような推論が可能

となる。私たちが「自然の一部」ではないと仮定しよう。血液の外部が不在であるという虚構はこの仮定を満たす一つの状況である。というのも、血液は全体としてしか考えられえないので、私たちの分身たるこの虫は閉じた全体としての血液の部分であるという意味において、「自然の一部」ではないからである。この仮定のうえでは、血液の部分に生ずる変化は、血液の部分のあいだの関係によって生ずるものしか起こらない。だが実際には、血液の部分には、諸部分のあいだの関係のみによっては説明できないような変化が生じている。それゆえ、この虫が住まう血液は全体だけではなく、外部との触発関係に身を置かれているがゆえに他の全体の部分としても考えられなければならない。[10]

　以下ではこの解釈をより形式的に示したうえで、擁護する。この証明を構成する諸要素を、血液のなかの虫の視覚や理性を考慮にいれずに存在論的な状況に照らして列挙してみよう。

(1)血液は外部をもたない（仮定）

(2)血液は全体であるが部分ではない（1と「全体」の定義より）

(3)血液のなかの虫に生ずる変化は血液の諸部分同士の関係のみによって生ずる（1より）

(4)血液は外部と相互関係にある（仮定）

(5)血液は他の全体の部分である（4と「部分」の定義より）

(6)血液のなかの虫に生ずる変化は血液の諸部分同士の関係だけからは生じない（4より）

　このリストのうちで、「血液のなかの虫」が把握しうるものだけを残してみる。この虫は血液の全体がどうなっているかを知ることができないので、それが閉じているか、外部と交流をもつのかといった判断はできない。それゆえ、(1)と(4)は少なくとも経験においてこの虫に与えられていない。むしろ、この虫に与えられているのは次のような、変化の経験のみである。

(3′)血液のなかの虫に生ずる変化が血液の諸部分同士の関係のみによって説明される。

(6′)血液のなかの虫に生ずる変化が血液の諸部分同士の関係だけでは説明されない。

　このとき重要なのは、(1)と(4)、(3′)と(6′)がそれぞれ排他的かつ網羅的であることだ。つまり、一方が偽ならば他方が真である。それゆえ、(1)と(3′)、(4)と(6′)は互いに同値となる。そしてもちろん、(1)からは(2)が帰結し、(4)からは(5)が帰結する。要するに、血液のなかの虫はたんにその変化の経験のみによって、自らがその部分であるところの血液のステータスを把握することができるのである。ところで、(2)は血液のなかの虫が「自然の一部」ではないことを帰結する。そして、(2)と(5)は少なくとも排他的である。以上より、血液のなかの虫は、(6′)が成り立つやいなや、自らが「自然の一部」でないこ・・・・とはないと判断できることになる。

　かくしてこの虫は、全体について十分に知ることなく、この血液こそが自然全体であるという信念を捨てることができる。こうしてみると、Ep. 32の部分全体論において変化の概念が必要不可欠であることは明らかである。この変化は、自分が住まう血液が全体でしかないか、外部と関わりあう部分であるかにしたがって異なっている。スピノザの状況設定では、それ自体は知られない血液のステータスがいかなるものかを、そのステータスの違いにしたがって異なる変化の仕方の方から遡って推論することが可能になっているのである。

　筆者はこの解釈が、よりスピノザの意図を反映していると考えている。前節で読んだ個所で問題になっていたのは、血液のなかの虫が部分であるか全体で・・・・・・・・・・・・・あるかということではなかったことに注意してほしい。スピノザが気にしているのはむしろ、虫が住まうところの血液が全体としてだけでなく部分としても・・・・・・・・・・・・・考えられるかどうかなのである。ここには明確に階層性が見られる。だからこそ、彼は正確にも、「この虫は、ちょうど私たちが宇宙のこの部分に [*in hac・・・・・・parte* universi] 住んでいるように、この血液のなかに住んでいる」と述べていたのである (IV 171, 13-14. 傍点・イタリック引用者)。ここで比較されているのは「血液」と「宇宙」なのではなく、いずれも「自然」そのものではありえないような「血液」と「宇宙のこの部分」なのである。

4. 宇宙全体の部分としての物体

　虫が住まう血液が全体としてしか考えられないようなものである可能性は否定できた。だがそれだけでは、この虫が「自然の一部」であることを示せてはいない。そのためには続く「宇宙全体」の議論が必要となる。続く箇所でスピノザは、部分全体論を宇宙全体＝自然へと適用することで、私たちが「自然の一部」であることの意味を明らかにする。

　テクストを読み始めるまえに、理解を容易にするために語義に関する注記をしておく。スピノザは以下の引用部にて、「すべての物体 omnia corpora」における形容詞 "omnis" を配分的な仕方で用いている。たとえば、「すべての物体がxである」という文は、各物体が個々にxであるということを意味するだろう。それに対して、スピノザが「一緒になって in omnibus simul」と付け加えるときには、「すべての物体」は集合的に一つのグループをなしている。この意味での「すべての物体」は「宇宙全体」と同一視される。[11] では、実際に本文を見ていこう。

　　さて、自然のすべての物体は私たちがここで血液について考えたのと同じように考えられうるし、また考えられなければなりません。というのも、すべての物体は他の物体に取り囲まれ、かつ一定の決定された関係によって [certa ac determinata ratione][12] 互いに存在し作用することへと決定されている (5) のであり、このとき、すべて〔の物体〕は一緒になって [in omnibus simul]、すなわち宇宙全体において、つねに静止に対する運動の同じ関係 [eadem ratione motus ad quietem] が保持されている (6) のですから。この帰結として、すべての物体は一定の仕方で変状させられて存在する限りにおいて [quatenus certo modo modificatum existit][13] (7)、宇宙全体の部分であり、その全体と一致し、そして残りのものと結合するものとみなされなければなりません。そして、宇宙の本性は血液の本性と異なり、有限ではなくて絶対的に無限であるからには、その〔＝宇宙の〕諸部分は、この無限な力能の本性によって無限の仕方で抑制され、かつ無限の変容を受けなければなりません。[14] (IV. 172, 15-173, 8. 下線・傍点引用者)

　前節での引用に引き続き、ここにも二種の関係が見出される。下線部⑤では触発関係が示されている。というのも、用いられる語彙は多少異なるものの、自然のなかの各物体を中心にして、それが自分以外の他の物体から影響を受ける（存在と作用へと決定される）際に成立している関係が問題となっているからだ。それに対して、下線部⑥では構成関係が示されていると見られる。というのも、ここでは宇宙全体を構成している諸部分のあいだの関係が問題となっているからだ。

　ここで注意したいのは、宇宙の諸部分のあいだの触発関係（下線部⑤）と宇宙そのものの構成関係（下線部⑥）は同時的に定立されているということだ。[15]下線部⑤においてスピノザは前提を付け加えていると見るべきだろう。そこでは、「すべての物体」が互いに決定されているだけでなく、関係において他の物体から切り離されているような諸物体のグループも存在せず、すべてが一つの関係において結びつけられているという前提である。[16]この前提を認めるならば、それだけですべての物体が「宇宙全体」を構成することが導かれる。したがって、すべての物体のあいだの触発関係と宇宙全体をなす構成関係はぴったり重なることになる。

　以上の帰結としてスピノザは、すべての物体が「宇宙全体の部分として、その全体と一致し、また残りのものと連結する」ことを導いている。ただしそれは、それらが変状を受けて実在する限りにおいてである（下線部⑦）。この限定は重要である。というのも、私たちが他のものに制約され、変化を受けて存在するという事実に依拠してこそ、人間もまた他の物体と同様に「すべての物体」のうちの一つとして自然を構成しているのだと信じられるからだ。私たちは自らの変化を通じて残りのものとの触発関係のうちに身を置くのであり、この関係がまさに宇宙全体をなす構成関係なのである。このように、変化という事実から出発し宇宙全体の構成へと帰着する理路をたどることによって、人間も含めたすべての物体が宇宙全体ないし「自然の一部」であると信ずるに至るのである。

　変化を重視する筆者の解釈は、引用部の最後でスピノザが宇宙の無限な力に言及していることからも確証されるだろう。この力によって宇宙の諸部分は無限の変化を受けることになるのだが、このように私たちの身体が実際に説明の

困難なきわめて多くの変化に曝されて存在しているという事実そのものが、私たちが無限なる宇宙の部分であるということに気づかせる。というのも、説明しえない変化は私たち自身がより大きな外部をもち、すなわちより大きな全体の部分であることを示すのだが、いまや無限であるとされた変化は、私たちを無限の宇宙の部分として規定するように導くからだ。

5. 宇宙全体は外部の不在によって全体であるわけではない

　前節で読んだ個所が、たんに宇宙が全体であることを示す以上の含意をもつことを明らかにしておきたい。以下に示す三段論法は、おそらく多くの読者がスピノザの議論から感じ取る第一印象を表現しうると思われる。それに対して筆者の解釈がどのように異なるのかを示すことを通じて、前節の議論が有する含意を明らかにする。

　(1)あるものが外部をもたないならば、全体としてしか考えられない。
　(2)ところで、宇宙全体ないし自然は外部をもたない。
　(3)したがって、自然は全体としてしか考えられない。

　私は、こうした再構成はスピノザの意図を正確に反映していないと考えている。まず指摘すべきは、スピノザは少なくとも字義通りには、宇宙全体には外部がないがゆえに全体でしかありえないという仕方で推論してはいないということだ。そもそも彼は、一度も宇宙全体の外部の有無に言及していない。むろん、宇宙全体は「すべての物体」からなっているがゆえに、その外部を考えることはできないのだと言えるかもしれない。しかし、私たちが「宇宙全体」あるいは「自然」の一部であり、「その全体と一致し、かつ残りのものと結合する」ことを示すために、スピノザはただすべての物体が「一定の仕方で変状させられて存在する」ことのみに訴えている。つまり、宇宙全体にはたしかに（血液と異なり）外部は不在かもしれないが、彼の論証の要点はそこにはないのである。

　仮に、宇宙は無限であるがゆえに外部をもたず、したがって全体としてしか

考えられないというのが、スピノザの最終的な結論であるとしよう。しかし、それには二つの難点を指摘できる。第一に、これまでさまざまな虚構を導入したり細かく状況設定をしたりしてきたことが、このような推論にとってはほとんど不要となってしまう。血液と違って宇宙には外部がないとだけ言うために、血液のなかの諸物体に生じる変化の差異について細かに論じる必要はない。したがって、宇宙の全体性にのみ着目する解釈は、血液についての議論がたんに宇宙との対比のために、つまり血液を全体とみなす誤った想定を示すためにあるものとする解釈と両立する。しかし、本稿の解釈が正しければ、こうした解釈は成り立たない。というのも、第2節で見たスピノザの議論がなかったとしたら、宇宙全体を成す「すべての物体」が極端にいえば、私の目に入るほんの身の回りのもの（デスク、パソコン、マグカップ）だけからなると信じる余地が残るからだ。すなわち、それらだけから構成されるものこそが「自然」なのだとする信念が排除されない。私たちが、身の回りだけで世界が閉じているのではないと信じられるためには、血液の部分に生じる変化の議論が必要不可欠なのである。

　第二に、この解釈の結論(3)は、私たちが「宇宙全体」のなかのどこかに位置づけられているということを示すのみであって、それがいわゆる「国家のなかの国家」(E3Prae)である可能性を排除できない。宇宙の全体性を私たちとは無関係な仕方で帰結するのみならば、私たちが「自然の一部」であり、他のものと連結し全体と一致することを信じる理由には寄与しないのである。私たちは宇宙のなかでぽっかりと他から孤立して生きているのかもしれないからだ。こうした考えを否定するためには、私たちが互いに触発しあっているということから宇宙を構成するのでなければならない。結局のところ、人間も含めたすべてのものが「宇宙全体の部分として、その全体と一致し、また残りのものと連結する」ことを示すためには、宇宙全体が唯一の全体であることを示すだけでは不十分なのである。

結　　論

　以上の議論が正しければ、スピノザは私たちが「自然の一部」ではないとい
う可能性を、変化を通じて、いわば上と下から否定するための論証をつくって
いることになる。この論証は、私たちの身の回りだけで閉じた全体が構成され
ているわけではないことを示し、かつ人間も含めたすべてのものが全自然を成
すことを示すことから成る。そうすることで、スピノザは二重の仕方で私たち
が「自然の一部」でないことはないということを論証するのである。人間が
「自然の一部」でなかったとしたら、人間はある一定の変化しか受けないはず
である。ところが、私たちは実際には耐えがたいほど大きな変化に曝されてい
る。それゆえ、私たちは「自然の一部」でないことはありえない。こうした背
理法は、具体的に私たちがどのように全体と一致し、どのように残りのものと
連結するのかを認識しえない以上、理に適った論証であるように思われる。[17]

　最後に、本稿において見出された論証がアポステリオリな性格をもつことを
示して論を締めくくる。私たちが他のものに合わせて自らを適合させるのはも
ちろん、そうした他のものが存在するからである。そして、虫が住んでいる血
液において一定の関係が維持されえないのは、この血液が外部との関係におい
て変化を被るからである。要するに、変化は外部からやってくるのであり、こ
のように各々が互いを外部とするすべての物体が宇宙全体をなしている。これ
までの議論では、血液のなかの虫と同様に限定された「視覚」と「理性」とに
よって、いかに自らが「自然の一部」であるかを自覚するのかが問題となって
いた。ところが、そうしたことが可能になるのはそもそも、私たちが「自然の
一部」であるがゆえに自らに変化が生じているという事実が成り立っているか
らだ。私たちはいわば「自然の一部」であるという原因の結果として、変化を
被っている。それに対して、変化の経験からその原因としての「自然の一部」
であることへと至るのは、スピノザ自身がそう述べてはいないものの、アポス
テリオリな証明といってよいだろう。このとき、アポステリオリという語を筆
者は、結果から原因へと遡る論証という意味で用いている。実際に、スピノザ
はこのような意味でアポステオリな論証を理解しており、それをアプリオリな
論証——すなわち、原因から結果へと進むような論証——と対置させている。[18]

　Ep. 32におけるスピノザの議論がたとえこれまでで示した通りのものである
としても、この議論そのものが正当であるかはそれ自体で問題にされるべきだ
ろう。たとえば、私たちに現に生じている変化が私たち自身と身の回りの事物
によって説明されえないとみなしていたことがたんに認識論的な誤りであって、
実際にはその変化が自身とそれらの事物からなる全体、すなわち自然以外の全
体のなかで説明されるということもありえるかもしれない。もとより、自らが
自然の一部であると信じる理由を変化の経験に訴えかけて導出しようとする以
上、実際にはそうではないということもありうるはずだ。こうした限界は、ア
ポステオリな性格そのものにともなっているかもしれない。しかし、スピノザ
がアポステリオリな証明を用いるのは「証明がいっそう容易に理解されるため
にであって、同じ根底から」同一のことがアプリオリに帰結しえないためでは
ない（E1P11S）。そして私たちは、そうしたアプリオリな論証を『エチカ』に
期待できるかもしれない。実際に第四部定理4では、同様に背理法を通じて、
しかし神あるいは自然の力能の観点から、私たちが「自然の一部」でないこと
はないことが証明されている。これについては稿を改める必要がある。

●注

1)　本稿はスピノザ協会第65回研究会での発表「スピノザにおける部分と全体──
　　書簡32の読解から『エチカ』へ」（2017年3月19日、大阪大学豊中キャンパス）
　　に依拠しているが、その大部分はすでに立花（2019）へと論文化してあるため、
　　ここでは発表時のアイデアの一部をより展開し、詳細に述べたものであることを
　　断っておく。また、当日に貴重なコメントをくださった会場のみなさま、匿名の
　　査読者たちにお礼申し上げる。
2)　Ep. 32での議論に至るまでのオルデンバーグとスピノザの対話の経緯と、Ep. 32
　　の冒頭部分についての読解については立花（2019）で論じた。また、この経緯に
　　関してはGarrett（2003）の第一章が示唆に富む。
3)　Sacksteder 1978; Laveran 2014; Andrault 2014はいずれも、Ep. 32の部分全体
　　論において．他のものとの相互関係を重視している。
4)　RS「血液の本性のみから、すなわちリンパや乳糜、その他の相互に対する運動
　　の関係のみから ex sola natura sanguinis, hoc est ea chyli etc. ratione motus
　　lymphae, chyli etc. ad invicem」（IV 173, 23-4）
5)　RS「それによって血液の全体的本性が一定の仕方で抑制されるような a quibus
　　tota sanguinis natura certo modo moderatur」（IV 172, 26-7）
6)　RS「全体としての血液の運動 motus totius sanguinis」（IV 172, 30）

7) RS「血液の粒子のなかに in particulis sanguinis」(IV 172, 28)

8) 「構成関係」と、次に言及する「触発関係」の呼び名はGangle (2017, 39-41) から借りたものである。彼はEp. 32ではなく、主に『エチカ』における個体の定義だけに着目してこの二つの関係を取り出してみせている。テクスト解釈の手続きの難を別にして、かつ彼による数学の使用の妥当性についての判断を留保する限りにおいて、これらの関係を『エチカ』のなかに見出すことには筆者も賛同する。

9) とはいえ、スピノザはこの書き方でも問題はないと判断したのだろう。たしかに『エチカ』には、部分の変化から全体の変化を理解するという考え方が見られる (cf. E2PPost3)。
　　少なくとも関係において孤立しているような物体が存在しないといえる論拠はこの書簡で与えられてはいない。実際のところ、反例は容易に思いつく。たとえば、互いに関係しあっているがそれら以外のものからは関係において切り離されているような二つの物体を想定しうる。

10) Ep. 32の証明をこのように読むことは次の解釈をともなう。すなわち、スピノザは「自然の一部」という語彙を比喩的にではなく、彼自身が与えている「部分」と「全体」の定義によって明確に理解されるものとして提示している、という解釈である。仮に「自然の一部」という語彙がたんに比喩的なものにすぎず、それによって厳密になんらかの「部分」を意味する意図はないとするなら、以上のような読解は成り立たない。この点において、この読解はスピノザにとって部分と全体の関係は、様態と実体の関係を説明するためのアナロジーであるとする諸解釈と鋭く対立する (cf. Rosenthal 2019, 236-8; Guigon 2012, 201)。

11) "omnis" や "totus" のような形容詞について、配分的な機能と集合的な機能の使い分けがあることは、中世においてすでに意識されていたことである (cf. Arlig 2019)。

12) 類似の表現について、cf. E1P25C, E2P30D, E2P31D, Ep. 58.

13) RS「一定の仕方で変状させられている限りにおいて quatenus certo modo modificatum est」(IV 172, 21)

14) RS「この無限の力能から帰結しうるその諸部分の変容は無限の変容でなければなりません ejus partium variationes, quae ab hac infinita potentia consequi possunt infinitae debent esse」(IV 173, 24-25)

15) 下線部⑥は絶対的奪格の副文となっており、筆者はこれを付帯状況として読む。スピノザはもの同士の相互の適合によってそれらを「ある全体の諸部分」とみなす。ここに、あるものどもを部分とみなすこととそれらから成る全体があることの同時性を見て取れるだろう。アンドローは、運動の共有はそれ自体で部分相互の水平的関係と全体との垂直的関係という二重の関係を担保するとみなしている (cf. Andrault 2017, 72)。とはいえ、この同一性がいかに特徴づけられるかはこの書簡において示されておらず、それ自体で探求されるべきではある。ところで、本稿の解釈とは違い、下線部⑥を条件として読むことによって、すべての物体が

存在と作用に決定される条件を、宇宙全体において「運動と静止の量の保存」法則が成り立っていることに見出すバリバールの解釈が生まれる（Balibar 1990, 61-2. Cf. DPP 2, 13; PP2, 36）。だがしかし、該当箇所に見られる「静止に対する運動の関係」という表現のうちに、運動量であるにせよ運動と静止の比率であるにせよ、量的な概念を見出すべき積極的な根拠はここにはないと思われる。

16) この前提のもとで「宇宙全体」を得るのは、物体であるという性質をもつすべてのものに無制限の合成を認めることで合成の頂点として「宇宙」を得る手続きに似ている。Cf. Simons 1987.

17) この書簡の議論が背理法をなしているというアイデアは、雪本泰司から示唆を受けた。

18) スピノザ自身が提示するアポステリオリな論証はE1P11D3とKV 1, 1に見られる。前者では、神の存在を証明するために、その存在が必然的な存在者に依存するところの、神以外の存在者すなわち私たち自身が存在するという経験が証明のために参照されている。Cf. Laerke 2011.

●引用・参考文献

Andrault, Raphaële. 2014. *La vie selon la raison : physiologie et métaphysique chez Spinoza et Leibniz*. Paris: Honoré Champion.

Arlig, Andrew. 2019. "Medieval Mereology", *The Stanford Encyclopedia of Philosophy* (Fall 2019 Edition), Edward N. Zalta (ed.), URL = <https://plato.stanford.edu/archives/fall2019/entries/mereology-medieval/>.

Balibar, Étienne, 1990. "Individualité, Causalité, Substance: Réflexions sur l'Ontologie de Spinoza." In Edwin Curley and Pierre-François Moreau (eds.), *Spinoza: Issues and Directions*. Leiden: Brill, 58-76.

Gangle, Rocco. 2016. *Diagrammatic Immanence: Category Theory and Philosophy*. Edinburgh: Edinburgh University Press.

Garrett, Aaron. 2003. *Meaning in Spinoza's Method*. New York: Cambridge University Press.

Guigon, Ghislain. 2012. "Spinoza on Composition and Priority." In Philip Goff (ed.), *Spinoza on Monism*. Palgrave-Macmillan. 183-205.

Laerke. Mogens. 2011. "Spinoza's Cosmological Argument in the Ethics." *Journal of the History of Philosophy*, 49: 4. 439-62.

Laveran, Sophie. 2014. *Le Concours des parties — Critique de l'atomisme et redéfinition du singulier chez Spinoza*. Paris, Garnier.

Rosenthal, Michael. 2019. "Spinoza on Beings of Reason [Entia Rationis] and the Analogical Imagination." In Charles Ramond and Jack Stetter (eds.), *Spinoza in 21st-Century American and French Philosophy: Metaphysics, Philosophy of Mind, Moral and Political Philosophy*. London: Bloomsbury Press. 231-250.

Sacksteder, William. 1978. "Spinoza on Part and Whole — The worm's Eye View," in Shahan, R. W. & Biro, J. I. (eds.) , *Spinoza: New Perspectives*. Norman: University of Oklahoma. 139-59.

Simons, Peter. 1987. *Parts: A Study in Ontology*. Oxford: Oxford University Press.

立花 達也. 2019. 「自然の一部」であることを自然の中から信じること――書簡32におけるスピノザの部分全体論を読むために――」待兼山論叢, 53号, 25-42.

Spinoza's Variation Argument for Being a Part of Nature in Letter 32

TACHIBANA Tatsuya

This paper presents an interpretation of Spinoza's argument presented in Letter 32 to Oldenburg. Here, he attempts to provide evidence that each of us is "a part of Nature." I argue that his argument is as follows: we infer a posteriori that we are part of nature from our experience of variation or change, that is, from the fact that we are affected or modified by the other parts of nature. First, I will provide several preliminary considerations of the letter, which are necessary to understand my interpretation. Next, I will discuss the fiction provided in Spinoza's letter that there is nothing outside of the blood. By comparing this with the fact that there are various causes of variations in blood, he argues that change always comes externally and that if changes undergone by one part of the blood cannot be explained by the other parts, then they must result from causes outside of the blood. The change that a subject undergoes allows them to judge whether the whole, in which he is situated, is part of something else. Third, I analyze Spinoza's discussion of the whole universe. For Spinoza, all bodies are surrounded by others. He argues that they are related reciprocally and, therefore, they constitute the universe. He states that everybody, "insofar as it exists as modified in a definite way," must be considered as a part of the whole universe because it is by such modification that we take part in the constituent relation of the universe. Spinoza's argument denies that we are not part of nature through our experience of variations.

〈翻　訳〉

フローベール、スピノザの翼にのって

ジュリエット・アズレー

（訳＝三浦亮太）

　フローベールがスピノザの思想に入門した1840年代、彼はその哲学に、フランスおよびヨーロッパにおけるスピノザ受容の遺産を通じて接近したのだった。つまり、17世紀から19世紀にかけて、スピノザは様々な思潮やイデオロギーのプリズムをとおして絶えず理解されてきたのだが、フローベールのスピノザ主義においてはこれらがいわば「葉層状」になっているのが見出されるのである。このフローベール的スピノザ主義の様々に異なる層を取り出すにあたり、変転する論争を通じて思想史において構成されてきたスピノザ主義の多様に異なる形態を、簡単にでも検討しておかなくてはならない。

I　19世紀までのスピノザの多様に異なる顔

1　異端者

　知的伝統における第一の古くからの側面は、異端者としての顔である。1670年に『神学政治論』が出版されて以来、スピノザの合理主義は宗教的教義に対する戦争機械のようなものとして現れる。（モーセがモーセ五書の著者ではありえないことの証明に典型的に用いられる）聖書の歴史的批判は、伝統的な釈義の足場を悪くする。また信仰の自由の擁護は、宗教的正統を揺るがす。こうした理由からスピノザの哲学は、17、18世紀において、宗教界によるたび重なる禁止の対象となり、生前にはこの哲学者は、ユダヤ共同体から追放され、『神学政治論』はカルヴァン派によって禁書とされたのだった。ヨーロッパのすべての聖職者は罵倒か、あるいは彼の「誤謬」[1]の論駁を通じたより理性的な仕方で有罪を宣告した。こうしたスピノザの読解は、その教えの不敬虔さの上に強調を

置く。1842年、スピノザ作品のフランス語訳のなかでエミール・セセが取り上げているように、哲学者と同時代の思想家や神学者のなかには、「彼の本は地獄からの不吉な贈り物だ」とか、彼自身が「地獄の精神、悪魔に雇われた使者[2]」であると言明する者もいた。18世紀には、ピエール・ベールやヴォルテールが彼を、「体系的無神論者[3]」あるいは唯物論者と見なすことになる[2]。

2　汎神論者

　二つ目は汎神論者の顔だ。18世紀の終り、ドイツである学問的論争が持ち上がり[4]、これがスピノザ像を一新し、強調点を『エチカ』のなかで表現されたスピノザ哲学における形而上学の上に置くこととなる。これが「神あるいは自然（Deus sive Natura）[3]」という有名な言い回しにその起源を認める汎神論をめぐる論争、ドイツ語で言うところのPantheismusstreitである[4]。スピノザの形而上学の評価に関するレッシングとヤコービとの議論をきっかけに、スピノザ主義をめぐる論戦が始まり[5]、その中でロマン主義者たちによってスピノザ像の名誉回復が図られる。無神論的存在からはほど遠く、ゲーテの表現では「信仰者であり、キリスト教者でさえある[5][6]」、またノヴァーリスによると「神に酔える者[6]」であるスピノザは、無味乾燥なものとして体験された現象と物自体のカント的切断を乗り越えてロマン主義の思想家たちが存在と存在論へと通じる道を再び見出すことを可能にする。ロマン主義の中心にある統一性への切望は、スピノザの〈神−実体〉の一元論の中に結晶作用のひとつの対象を見出したのである。スピノザの汎神論は、〈自然〉の探究としての自然学と神の探究としての形而上学とを和解させ、また、神が世界の中に遍在することを解明することによって、世界を再魔術化することを可能にするのだ。啓蒙主義者がつくりあげた唯物論者としての、また無神論者としてのスピノザ像に対しては以後、汎神論者であるが故にあらゆるところに神を見るスピノザ像によって反論がなされることとなる。かくしてロマン主義者たちは、極端にまで押し進めると、神秘主義になってしまう合理主義といった逆説的な像をつくりあげるのである。

3　無世界論[7]の哲学者

　遅れること50年、近代的合理主義をめぐる論争が燃え盛っていたフランス

でも、聖職者と哲学者との抗争が再び持ち上がった。神学と哲学との対立がこのたびは、反合理主義的有神論と「汎神論者」と呼ばれる合理主義との対立として現れたのである。アンリ・マレ神父は、その辛辣な『現代社会における汎神論に関する試論』（1840年）のなかで、ロマン主義の書き手と同様、折衷主義の哲学者もまた、偽装された無神論者でしかない汎神論的な世界観を促進するといって糾弾した。「神と世界の混同、世界の神格化、有限と無限の同一化、実体の統一性[7]」の主張によって汎神論は、宗教に関する近代的無関心を養っているのだ。神学者たちはこのように、スピノザの汎神論とその合理主義的化身たち（とりわけフランスにおけるデカルト主義の継承者であるヴィクトル・クーザンの哲学）の中に、「神をいたるところに置くことによって、逆にもはや何ものでもない者とする[8]」ことを企むイデオロギーの謀略を見てとったのである。

　聖職者側からのこうした非難に対抗するにあたりヴィクトル・クーザン及び折衷主義の哲学者たちは、汎神論について二つの形態を区別することで、無神論や唯物論といった非難からスピノザを救うことを目論む。まずは、神的な事柄を自然の上に引き降ろし、「水の中、風の中に密かに働きかけ、植物の中でまどろみ、動物の中で目覚め、人間においては思考する神−自然[9]」を前にして忘我の境地に貫かれる、感覚的な昂揚をもたらすようなドイツロマン主義の汎神論。もう一方は、ユダヤ思想の泉から汲み出され、自然的現実存在がそれを前にして影でしかなくなるような唯一の実在性である神において全〈自然〉を吸収する、神秘主義の傾向を有するスピノザの汎神論である。スピノザの〈自然〉は従って、ドイツ風の自然哲学者たち（Naturphilosophen）の詩的で魔法にかけられた世界へと関わるのではなく、エン・カイ・パーン（en kai pan）[8]、一にして全である神に直面した無のようなものとして現れるだろう。ヘーゲルの言葉によるなら、無世界論的哲学者のイメージへと帰着するのだ[9]。東洋哲学に触発されたこの完全でかつ非人格的な一神論[10]は、現実の個別的諸存在に対して、いかなる実体性をも付与することはない[11]。

II　フローベールにおけるスピノザ[11]

1　形而上学的方向性

　「きわめて不明瞭」[12]とサルトルの形容するフローベールによるスピノザ思想へのアプローチは、これら多種多様なイデオロギーの配置を継承するものだ。フィクションやテクストの戯れによって全く不透明にされてはいるのだが、このアプローチが、19世紀の知的文化におけるこれらの配置の重要性を強調していると言うこともできるだろう。〔フローベールの〕書簡や作品におけるオランダの哲学者への暗示は全て、その思想の神学的、形而上学的な側面に集中している。『エチカ』と題された作品の構想において中心を占めるものとも考えられる道徳に関する諸問題は、フローベールの読みの中では付随的にしか現れないのだ。自由意志の否定や善悪の区別の脱構築といった主題はおそらく、若い頃からキリスト教の精神性に由来する道徳的原則を手厳しく批判していたフローベールを引きつけることができたであろう。しかし、道徳的諸問題はフローベールのテクストにおいて、〈実体〉の存在論的、及び神学的な問題の下位にしか現れることはないのだ——これについては、第一部が「神について」と題されている議論の順番通りに作家が『エチカ』を把握していたということでもある。書簡が言及しているのはもっぱら『エチカ』であり——フローベールが『神学政治論』を発見したのは1870年のことでしかない[13]——、また『エチカ』の中でも神的な事柄をめぐる問題、それもロマン的で折衷的な光学においてなのである。「スピノザを無神論といって糾弾する連中は愚か者です」[14]。「この無神論者は僕の考えによると人類の中で誰よりも宗教的なのです。なぜなら彼は神しか認めていないのですから」[15]。フローベールはリセ時代の哲学の教師であったシャルル＝オーギュスト・マレ[16]の教育に従って、スピノザの汎神論を神秘主義の方向で解釈している。マレは1835年の彼の『教本 (*Manuel*)』のなかでスピノザ主義を、ひとつの「唯心論的な汎神論」[17]として定義していた[12]。『エチカ』の中に「秘教的讚歌」[18]を、そしてスピノザの中には「インドの修行僧、ペルシアのスーフィー、熱烈なる修道僧」[19]を見るヴィクトル・クーザンによる読解を、折衷主義の信奉者であるマレは、自らのスピノザ理解に重ねあわせたのだ。そしてこれは、スピノザが「神においてもっとも深く理解した者」[20]

であり「哲学史というよりは宗教史に属している[21]」とするルナンの見方でもあった。スピノザに関するフローベールの解釈が、フランスにおける汎神論論争の文脈によって明白に条件づけられており、聖職者たちに対抗する哲学者たちの視点を作家が自らのものとしていることが、以上から分かる。

　加えて書簡は、フローベールの思想のなかでスピノザの哲学が、死去した友人の思い出に緊密に結びついていることをも告げている。死の床にあっても『エチカ』を読み続けたこの友人、アルフレッド・ル・ポワトヴァンについてフローベールは、「形而上学について6時間ぶっ続けで話し続けて[22]」一緒に過すことのできる「超越論的精神」と評している。スピノザへのポワトヴァンの偏愛が、フローベールによって、友人の思考の「超越論的」で「形而上学的」な性格へと関連づけられていることがここから分かる。ここでの「超越論的」という用語はしかし、カント的な意味合いで言われているのではなく、むしろ「超越的」の同義語なのだろう。「あらゆるものの上空を飛行し、あらゆる条件のはるか上方へと飛翔する精神の状態」として「超越論的滑稽さ」を定義する際のシュレーゲルの用法[23)13)]に、フローベールの「超越論的」の用法を近づけてみることができるかもしれない。

　スピノザ主義者の友人との交流に関しても、フローベールの筆のもとに、ある高度に関する同様の想像的表現を見つけることができる。「私たちは時に高く昇ったのだ、とあなたにはっきりと申し上げることができます[24]」。フローベールはアルフレッド・ル・ポワトヴァンの妹への手紙の中で[14)]、友人の知的才能に関して次のようにもまた書いている。「彼は私に、青空の中で何と素晴らしい旅をさせてくれたことか！[25]」。「青空の中の旅」という表現は、ルートヴィヒ・ティークによるあるロマン主義のテクスト（*Reise in das Blaue hinein*〔「青空の中の旅」[26)]〕）に由来しているが、このイメージはここでは、多義的な価値を有している。まず第一に、ドイツ語でこの言い回しは「目的地を決めずに乗り出す旅」を表現するのだが、この「青」はまた、夢や理想にまつわるロマン主義的な色彩としてもよく知られている。徒歩や馬による旅が、かくして、観念の大空への旅の隠喩になるのである。フローベールがこの言い回しをこのような天空的な意味合いで用いていた同じ時代、ゴーティエもまた「青空の中の旅[27)]」と題された近代の航空技術に関する記事を書いている。

2　特権的な隠喩[15]としての「天空の旅」

a）フローベールにおいて繰り返される隠喩

　フローベールの作品にあってスピノザ主義の問いが存在している時にこそ、天空の旅の比喩が絶えず呼び出されていることをまずは確認しよう。『聖アントワーヌの誘惑』の三つあるヴァージョンにおいて、聖者を背中に乗せて連れ去り、彼とともに恒星間を飛んでゆく悪魔は、無限でありかつ思惟と延長の二属性と不可分である実体の統一性に関するスピノザ的な議論を持ちかける[16]。アントワーヌのキリスト教的二元論をひっくり返すこの一元論的議論は、スピノザの言葉の中に異端的で悪魔的な兆しを読み取る神学者たちの反スピノザ主義の純粋な伝統にもとづいて、悪魔によってもたらされているのである。

　もはや悪魔に関係づけられることのない『ブヴァールとペキュシェ』での広大な空間におけるスピノザ的飛翔のイメージはむしろ、近代の航空交通の、気球の隠喩に引継がれる。「彼らは気球に乗って、夜、凍るような寒さの中を、はてしなく、底なしの深淵へと運ばれてゆくような気がした――そして彼らのまわりには、つかむことのできないもの、不動なもの、永遠なものだけがあるように思われた[28]」。このように、魔術的飛翔のイメージは、スピノザの理論によって生み出される効果を表現するにあたって繰り返されるもののようであり、こうしたことは、作家のバーナード・マラマッドにもまた見出されるであろう。ドゥルーズはそのマラマッドに依拠して次のように語る[29]。「読むたびに背中を押してくるような空気の流れの効果や、魔女の箒にまたがらせるような効果を私にもっとも与えたのが、スピノザです[30]」。翼の生えた悪魔の角に座り、「どこもかしこも闇！　大風だけが私を滅法に押し付けてくる[31]」と叫ぶアントワーヌの状況と、これはほとんど同じだと言えるだろう。

b）唯心論（スピリチュアリスム）にも唯物論にもともに結びつく背反的隠喩

　神が世界において、世界として存在するスピノザによって提示された内在性の哲学と、こうした飛翔の想像界――それは概ね超越論性、すなわち二元的世界の表象へと結びついている――との繋がりを、どのように理解したら良いのだろうか？　実際に『聖アントワーヌの誘惑』の草稿が明らかにしているように、悪魔の翼の上の聖者の飛行を考え出すためにフローベールは、プラトンの

『パイドロス』のようなイデア論に関する参考文献を用いている。これはとり
わけ、「殻を脱ぎ捨て」て「太陽をいっぱいに浴びる」「牡蠣」[32]とアントワーヌ
との比較を通して読み取ることができるだろう。このイメージは、私たちの魂
の故郷であるイデアの天上界に関するプラトンの記述に直接由来している。そ
こでは「自らを収監している監獄を引きずって歩く牡蠣のように私たちが自ら
引きずり回している」[33]墓場としての身体からまだ自由であった魂が、活気づい
ていたのである。[17]プラトンによると哲学は、思考の翼にのってイデアの天空を
目指す飛翔の欲望へと繋がっており、そのことは身体的実存から脱出すること
を含意している。『空と夢』の中でバシュラールは、「空のイメージは、脱物質
化のイメージの途上にある」[34]と実際に説明しているし、ミルチャ・エリアーデ
は、「人間身体が精神として活動するのを見ようとするノスタルジー」[35]、すなわ
ち脱受肉化を翻訳する魔術的飛行の象徴主義を提示している。ところがスピノ
ザの実体は、〈延長〉と〈思惟〉の両属性がそこから生じることにより、全く同
時に、物質と精神、身体と魂であるのだ。諸属性間のあらゆる階層化への拒否
の上に立つこの内在性の哲学にとって、垂直的かつ上昇的なモデルは、相容れ
ないものと映るかもしれない。従って、空中におけるスピノザ的旅行は、たと
えば、『諸世紀の神話』の終盤における「大空」の飛行船、気球をめぐるユゴ
ーの叙事詩を支配するイデア論的図式とはかけ離れた所にあると想定しなけれ
ばならない。この点興味深いことに、ユゴーのプリズムをとおして見た「天空
の小舟」は、唯物論的無神論と解されるところのスピノザ主義を治療する薬と
して讃えられている。「それ〔天空の小舟〕は虚偽にははねのけられた人々を真実
へと連れ戻す／それはスピノザの瞳の中に信仰を輝かせるのだ」[36]。フローベー
ルにあって気球は、唯心論（スピリチュアリスム）の論理のもとスピノザを問題視するようなものでは
なく、それはスピノザ自身なのである。では、フローベールの登場人物によっ
て発見される、彼方にも世界の裏側にもないスピノザの天空とは果たしてどの
ようなものなのだろうか？　フォイエルバッハもまた、次のように述べること
で天文学的想像界へとスピノザを関係づけていることに注意しておこう。「ス
ピノザの哲学とは、遠すぎて人間には見ることのできない諸対象を瞳に知覚さ
せてくれる、ひとつの望遠鏡なのだ」[37]。

　宇宙旅行のモティーフが同様に唯物論の伝統に連なることにも、とりわけ

17世紀に登場した、フローベールもおおいに賛嘆する、作家シラノ・ド・ベルジュラックの手になる『日月世界旅行記』[18]に連なることにも注意せねばなるまい。ブヴァールとペキュシェはその空中冒険譚の途上で、17世紀の自由思想家たちの仮説が想起されぬでもない、世界の複数性に関する可能性を垣間見ている。飛翔のイメージはつまり、これまで見てきたような19世紀の相反する解釈の対象をなすスピノザの汎神論のありようと同様に、唯心論と唯物論との間で、イデオロギー的に可塑性を有しているのである。

c）隠喩の射程：宇宙の旅から無世界論のめまいのする直観まで

フローベールは、スピノザについてのこれら二つの見方の間に決着をつけることを拒否し、そして、（両者に共通する）世俗を超越することを可能にする通過儀礼の旅のイメージに強調を置くことの方を好む。同じくルナンもスピノザについて、「大胆な飛躍から」、「山の斜面に生ずる生の豊かな開花などには眼もくれず、雪に覆われた高い山頂に達する」[38]ために、限りのあるもの全てを軽蔑する思想家を見ている。高みにいる男スピノザは、実際19世紀の解説者たちの目には、神についての至高の観念へと直ちに高まり、そしてそこから有限の世界へと再び降り立つような者として映る[39]。しかし世俗の者にとってスピノザの精神への通過儀礼は、「狂おしいまでの」[40]、激しいリズムを持つ上昇の形態でなされるほかない――フローベールの（悪魔や気球といった）制御不可能な乗り物のイメージはおそらくここから来るのだろう。これが所産的自然から能産的自然へと高まることにおける、そしてまた〈神－自然〉のただなかでその基底的な統一性を発見することにおける、内在性の超越論的啓示なのだ[41]。

さて、スピノザ的「青空の旅」は、暗闇における旅、永遠でかつ凍りついた世界の夜における旅となる。空虚であるようだがしかし絶対的でもあるような闇夜、つまり「存在がその諸属性から解放されているというよりはむしろ、そこでは諸属性はもはや実体から分割されず、もはや存在が諸性質からも、無限定の能力の諸限定からも分割されないような存在それ自体」[42]における旅に。つまりこれがルナンの言うところの、スピノザがそこにおいて開花する氷河の空気、またヘーゲルの言うところの、哲学の中に入る誰しもがそこに浸らざるを得ない「実体の崇高なエーテル」[43][19]である。しかし、この非人間的な何かを有す

る無限定な実体との対面は、新参者の驚愕を引き起こす。「それは強烈すぎた。彼らはそれを諦めた[44]」。以上が、「その前では全てが無意味になってしまう圧倒的な統一性」における「唯一かつ絶対的な実体[45]」の思想を受け入れるにはあまりに弱い二つの精神、ブヴァールとペキュシェにおけるスピノザ主義の挿話の結論である。つまり、ブヴァールとペキュシェが乗って形而上学的な旅をする空気で膨らんだ小気球は、〈一－全〉に対する彼らの個別的実存の空虚さをよく示すしるしなのだ。そして、彼らが到り着く宇宙の眺望はもはや、無限の実体の永遠の夜をしか見せてくれない、スピノザ主義の色合いを持つシェリングの哲学についてのヘーゲルの表現を借りれば、「全ての牛を黒くする夜[46]」をしか。ルナンの述べていたように、スピノザは山の斜面の描く風景には関心がなく、彼が見ているのは（つまりは彼が見せてくれるのは）、「高い山頂」だけなのだ。バシュラールによる「青空」のモティーフに関する分析を受けて言うなら、「イメージなき想像力」の、「現象なき現象性」の「単純化された大いなる夢想[47]」における、もっとも精緻な形態における天上的な想像界と私たちはそこで、ある意味において対面しているのである。ボードレールの表現によるならそれは、「自身の他には背景を持たないある広大無辺さ[48]」である[20]。こうした事柄が、恒星間の宇宙の旅のイメージをとおして明確に立ち現れるフローベールにおけるスピノザの無世界論的な側面である。ところが、ブヴァールとペキュシェの精神にとってはこの存在論が「強烈すぎる[49]」ことが判明する。ここでの「強烈すぎる」は、「強すぎる酒[50]」という時と同じ意味での形容であり[21]、要するに二人の登場人物の知的な組成には持ちこたえることができないのだ。ブヴァールとペキュシェには、「無限に酔い[51]」、「神に酔う[52]」思想家であるスピノザへと立ち戻るすべはなかろう。かくして『エチカ』は、「手の届かない、距離のある、同化吸収できないもの[53]」であるにとどまる――これが、様々な知が相次いで摂取され、むさぼられては放棄されるこの百科全書的小説において、スピノザの思想へのフローベールの特異な敬意を表現する仕方なのだ。

　アントワーヌにおいても二人の筆耕においても、スピノザ的な空の旅はいつもめまいの感覚を引き起こす。この印象はスピノザ思想の形而上学的高度によって説明することができるがまた、それの生み出す方向を見失わせるような効果によっても説明することができる。一方ではスピノザの思想は、創造神と創

造された世界の、魂と身体の、個体と全体の、善と悪の、自由と決定論の対称
性である二元論的思想の安定した両極性を動揺させる。また他方でスピノザの
思想は、目的因の観念における不条理な人間中心主義の支配を明らかにするこ
とで、脱目的化された世界の提示へと到る。ここで当然私は、山崎敦による
『ブヴァールとペキュシェ』における目的因の問題への美しい分析を参照して[54]
いる。とりあえず指摘しておきたいのは、空中の飛行が何よりもまず、個体の
観点に対する脱中心化の経験、世界についてのあらゆる目的論的表象を通用さ
せなくする、あらゆるものの上に突き出す眺望への開示の経験を示していると
いうことである。

3　哲学から芸術へ

a）類似する諸効果について：静寂と至福

　フローベールの登場人物たちが捕われるこの気の遠くなるような昂揚は、ス
ピノザ主義が、真の実存的経験のようなものを体験させうることを示している。
それは大天才の芸術によって喚起される恍惚と類比されなくはない体験なのだ。
例えば「ホメロス、ラブレー、ミケランジェロ、シェイクスピア、ゲーテ」に
ついて、フローベールは次のように書く。

　　それは底なしで、無限で、多様です。小さな開口から、底が暗く、めまいの
　　する、深淵が見えます、しかし全体に、特異な甘い何かが漂っているので
　　す！　それは閃光、太陽の微笑、そしてそれは静寂！　静寂です！　そして
　　それは強烈です〔……〕。[55]

フローベールの感嘆する諸作品は、スピノザのテクスト同様、「底なし」の広
大無辺さの凝視から来るめまいの印象をもたらす。そこにはブヴァールとペキ
ュシェのような臆病な存在には「強烈な」、おそらくは「強烈すぎる」ものが
ある。しかしこの芸術のパラドクスは、強烈な感情によって精神を揺るがすと
同時に、静寂の印象を与えることである。『誘惑』の最初のヴァージョンにお
ける悪魔の翼のうえでのアントワーヌの経験にあって相反する同様の諸感情を
見出すことができるが、それらは、スピノザ的通過儀礼の異なる段階を表すも

のだ。〈実体〉の完全性への飛翔はまず、主体が世界についての彼のあらゆる古き諸表象を断念しなければならぬその時に不安を引き起こし、次いで、〈一－全〉の中への彼の特殊な個体性の融解を受け入れるに際して、落ち着いたある鎮静をもたらすのである。「もう恐くはないぞ、断じて、私には分かる、見える、充実の中で呼吸している……私はまるで静寂だ[56]」。

　フローベールの賞賛するスピノザ思想による静寂化の効果について、マリー＝ソフィー・ルロワイエ・ド・シャントピー宛の手紙において作家は、ゲーテを参照している。「「不安を感じたとき私は、『エチカ』を読み直します」とゲーテは述べています。ゲーテと同じように、あなたもこの偉大な読書によってきっと心が鎮められるでしょう[57]」。フローベールは『詩と真実』のフランス語訳の中に、次のような告白を読むことができた。「熱情の鎮静を〔……〕私はそこに見出した[58]」、「私がスピノザにおく信頼とは、それがもたらす平安の効果に依拠している[59]」。常識的な世界から引き離されることによる激しい恐怖を超えて、スピノザ哲学は、ある平静なる智恵の形態へと接近することを可能にする——『聖アントワーヌの誘惑』の最後のヴァージョンで喚起される「至高の悦び[60]」にとまではいかないまでも。『聖アントワーヌの誘惑』でフローベールは、世界の統一性についての総合的かつ展望を開く直観へと到達するにあたり哲学者が長い知的過程の最終段階において辿り着くことのできた、至福についてのスピノザの理論[22]から着想を得ている[61]。「自分が実体であると感じる[62]」と叫ぶときアントワーヌは、スピノザの言葉を借りるなら、〈神－自然〉と一体である限りで自らが不滅であることを、感じ、かつ経験しているのである[63]。

b)「何についてでもない書物」のモデル？

　アントワーヌの精神を満たす幸福はここでは、1849年版の『誘惑』の上演指示における登場人物の体勢の変化へと繋がっている。まず「彼が落ちるのを防ぐために悪魔は、挙げた両腕で彼を支え[64]」ていたのに、次には「悪魔は両手を離し、たった独りアントワーヌは宙に浮かぶ[65]」。天上空間におけるアントワーヌの身体の新たな配置を私たちは、ルイーズ・コレ宛の有名な手紙におけるフローベールにとっての理想的な書物の配置へと近づけてみることができるだろう。

私に美しいと思われ、また私が書き上げたいのは、何についてでもない書物、外部との繋がりがない書物で、それは、地球が支えとなる存在なしに空中に浮かんでいるように、文体の内的な力によって自らを支えているであろう書物です。〔……〕美しい主題も醜い主題も存在せずそして、〔……〕〈純粋芸術〉の観点からすると、文体が唯一それ自体で諸事物を見るための絶対的な方法なのだから、いかなる主題も存在しない、ということをほとんど公理として定立できるでしょう。[66]

それ自体で空中に浮かぶこと、この美に関するフローベールの定義は、スピノザの倫理についての彼の見方――それは知識のもっとも高い段階でもある――へと再び接合されることとなるだろう。美、真実そして善は、絶対の把握と切り離せない。文学作品はこうして、「諸事物を見るための絶対的な方法」へと到達することになるだろう。この方法は、スピノザがそれを採用するようにと私たちを誘う高みからの視線へと通じている。この展望、すなわち「〈純粋芸術〉の観点からすると」、私たちは作品において表象されるべき世界の諸部分であるような（美しかったり醜かったりする）「主題」を識別することができなくなる。もはや全てを包み込み、どんなものでも支えることのできる、無限定なひとつの実体が存在するのみである。[67] 文体の内的な力とは、惑星を宙に留める絶対的実体の内的な力そのものなのである。こうしてスピノザの思想は、主題に関する問題を失効させるにいたる芸術における表象についての思想の発展を、フローベールに可能にした。〈実体〉の絶対的な実在性に直面することで、有限様態は純粋な無のようなものとして現れる。何についてでもない書物は、無限定な実体についての書物である限りで、有限な諸事物の世界が実在的な存在を持つことのない、無世界論的スピノザ主義の美学を体現することができるだろう。

c）スピノザ主義と芸術の非人称性

　他方でスピノザの汎神論は、作品とその作者との関係をめぐりフローベールによって検討された方法に対しても影響力を持っている。その非人称性の理論によれば、作者はその作品において、「どこにでも遍在しているのにどこにも

見えない」創造物における神のように存在しなければならないのであるが、そのような理論は〈自然〉全体と一体であるところのスピノザの〈神－実体〉の非人称性を思わせぬでもない。自らの作品においてこの全一性の観点から世界を把握するに到ることで作者は、その人称的特殊性を失いそして、自らを非人称化することで非限定的なものの内へと没入するのである。そしてそのようにして彼は、自らをどこかに位置づけるはずのあらゆる限定化の作用を離れることになる。すなわち彼は、自らが表象する世界から身を引いて、多様なるものの側ではなくむしろ、〈一者〉の側に位置づけられるのだ。以上が、フローベールの美学的汎神論の、理念上の展開となるだろう。しかし逆説的にも作者は、その小説世界において「特にどこにも」存在しないからこそ、「どこにでも遍在することができる」のである。そのとき芸術的汎神論は、ドイツのロマン主義者たちにおける汎神論を思わせぬでもない、より多くの感性的な色合いを得、神はそこで、所産的自然、すなわち、現実存在のあらゆる形態へと入り込むのだ。

　　これぞ書くことの甘美さ！　もはや自分自身でなくなること、いわば全ての
　創造物の中を循環することの！　たとえば今日、私は男と女の両方であり、
　同時に情人でも情婦でもあって、秋の午後、森の中、黄色く色づいた葉叢の
　下を馬で散策したのでありそして私は、馬たちであり、葉叢であり、風であ
　り、交わされる言葉たちでありそして、愛に溺れた彼らの瞼を半ば閉じさせ
　る赤い太陽でもあったのです。

書くことの幸福はここでは、全き不変性や永遠に同化することに伴う不安の不在や静寂の中にあるのではない。むしろそれは、ありとあらゆる特殊な事物の中を循環することの享楽、無限の様態化において実体と合致することの享楽である。汎神論的芸術は、全ての事例にあって作者が「もはや自分自身でなくなること」を課すのだが、しかし自我を出るこの恍惚は、〈神〉（能産的自然）へと生成することによっても、〈自然〉（所産的自然）へと生成することによっても、垂直的または水平的な方法から産み出されることができるのだ。

　スピノザにおける二種類の至福とは要するに、フローベールも書いているよ

うに、「純粋な観念の中に、無限の中に〔……〕環帰すること[71]」、もしくは「創造物の中を循環すること」からなる。ブヴァールとペキュシェは純粋な観念による鎮静を味わいえなかったであろうが（というのも彼らは、〈実体〉のめまいに止まるしかなかったのだから）、それでもペキュシェは、むしろ感覚的な汎神論の形態への傾向を示すことになる。「半ば茫然自失しながら」、彼は「まわりに散らばっている無数の存在を、ぶんぶん唸る昆虫たちを、芝生の下に隠された泉を、植物の精気を、巣の中の鳥たちを、風を、雲を、全ての〈自然〉を夢想していた。その神秘を探ろうとするでもなく、その力に心奪われ、その大きさに我を失って[72]」。

ピエール・マシュレのある分析[73]に従えば、非レアリスムとレアリスムという二重の要請のうえに立つ限りで、スピノザの汎神論がフローベールの精神の大いなる誘惑を具体化したと見ることができるだろう。

＊本文中の、【数字）】は原注を、【数字:】は訳注を示す。

●注

1) 例えば、デン・ハーグのルター派教会の牧師ヨハネス・コレルス（Jean Colerus [Johannes Colerus]）によって書かれた *La vie de Spinoza*（「スピノザの生涯」、『スピノザの生涯と精神』所収、渡辺義雄翻訳・解題、学樹書院、1996年）、並びに、*La Réfutation des erreurs de Benoit de Spinoza par M. de Fênelon archevêque de Cambray, par le P. Lami et par M. le comte de Boulainvilliers.* を見よ。上記〔*La Réfutation*〕は、友人たちによる哲学者の生涯に関する多くの特徴的な手記をも増補集成した刊本。Bruxelles, François Foppens, 1731.

2) エミール・セセ（Émile Saisset）による引用。« Introduction », *Œuvre de Spinoza*, Paris, Charpentier, 1842, 2 vol., t. I, p. VIII.

3) Pierre Bayle, article « Spinoza », *Dictionnaire historique et critique*, Amsterdam, Leyde, La Haye, Utrecht, 4 vol., 1740 (5ᵉ édition), t. IV, p. 253-271. ピエール・ベール『歴史批評事典 III』の「スピノザ」の項目、『ピエール・ベール著作集』第5巻所収、野沢協訳、法政大学出版局、1987年、638-706頁。

4) 次を見よ。Pierre-Henri Tavoillot, *Le crépuscule des Lumières: les documents de la « querelle du panthéisme »* : 1780-1789, Paris, édition du Cerf, 1995.

5) 1785年6月9日付書簡。Goethe, *Werke*, Weimarer Ausgabe, Weimar, 1887-1913, IV, 2, p. 62-64. ゲーテのスピノザ主義との関係を概観するには次を見よ。G. Stieg, « Goethe et Spinoza », *Revue germanique internationale* [en ligne],

n° 12, 1999.

6) Novalis, fragment 1770, *L'Encyclopédie*. *Notes et fragments*, éd et trad. Maurice de Gandillac, préf. Ewald Wasmuth, Paris, Minuit, 1966, p. 393.

7) Henri Maret, *Essai sur le panthéisme dans les sociétés modernes*, Paris, Debécourt,1840, p. 4.

8) Pierre-François Morreau, « Spinozisme et panthéisme », *Spinoza entre Lumière et Romantisme*, Cahiers de Fontenay, 1985, p. 207-213, p. 208.

9) エルム・マリー・カロは、スピノザに関する「ゲーテの誤解」について、次のように指摘している。「スピノザにおける非限定的な実体は、ほとんど思い描くことが不可能だ。そのためひとは、それをより可感的でかつ精神にとらえやすいある力能、すなわち自然へと変形してしまった。」Elme Marie Calo, « La philosophie de Goethe I. Histoire de son esprit. Goethe et Spinoza », *Revue des deux mondes*, septembre 1865, p. 846-880, p. 869 et 873.

10) エミール・セセによるノヴァーリスからの引用。« Introduction », *Œuvre de Spinoza*, Paris, Charpentier, 1842, 2 vol., t. I, p. VIII.

11) フローベールのスピノザ主義に関して、私たちの調査は数多の先行研究を糧としており、これらに多くを負っている。本稿で取り上げた研究に加え、次の諸研究が言及されるべきである。Jean Bruneau, *Les débuts littéraire de Gustave Flaubert*, Armand Colin, Paris, 1962, p. 444-454 ; Andrew Brown, « "Un assez vague spinozisme" : Flaubert et Spinoza », *Modern Language review*, no. 91-4, octobre 96, p. 848-865 ; Albert Gyergai, « Flaubert et Spinoza », *Les amis de Flaubert*, 39 (décembre 1971), p. 11-22 ; Gisèle Séginger, « Flaubert et le philosophique : éthique et esthétique », *Épistémocritique. Revue d'étude et de recherches sur la litterature et les savoires*, IV, 2009, hiver, 次も同じ著者による « L'empire du sensible », *Fiction et philosophie*, Série « Gustave Flaubert » n° 6, Caen, Minard, 2009, p. 29-63 ; Atsushi Yamazaki, « Le dossier "Philosophie" de *Bouvard et Pécuchet*. Hegel et Spinoza », *Fiction et philosophie*, Série « Gustave Flaubert » n° 6, Caen, Minard, 2009, p. 225-240 ; Philippe Dufour, « Panthéisme de Flaubert », *Flaubert. Revue critique et génétique* [en ligne], n° 12, « Les pouvoires de l'image (II) », sous la direction d'Anne Herschberg Pierrot, 2014.

12) Jean-Paul Sartre, *L'idiot de la famille*, Paris, Gllimard, 1988, 3 vol., t. 1, p. 514. ジャン＝ポール・サルトル『家の馬鹿息子 I』、平井啓之・鈴木道彦・海老坂武・蓮實重彦訳、人文書院、1982年、551頁。

13) フローベールの1870年4月29日付ジョルジュ・サンド（George Sande）宛書簡。「私はスピノザの『エチカ』は知っていたのですが、『神学政治論』は全然でした。びっくりしてくらくらさせられ、感嘆の念で夢中にさせられました」。Flaubert, *Correspondance*, édition établie par Jean Bruneau et Yvan Leclerc, Paris, Gallimard, « Bibliothèque de la Pléiade », 1973-2007, 5 vol., t. IV, p. 184.『往復

書簡 サンド＝フロベール』、持田明子編訳、藤原書店、1998年、188頁。

14） フローベールの1857年11月4日付マリー＝ソフィー・ルロワイエ・ド・シャン トピー（Marie-Sophie Leroyer de Chantepie）宛書簡。*Correspondance*, éd. cit., t. II, p. 774.『フローベール全集』第9巻所収、蓮實重彥訳、筑摩書房、1968年、 368頁。

15） フローベールの1879年3月13日付エドマ・ロジェ・デ・ジュネット（Edma Roger des Genettes）宛書簡。*Correspondance*, éd. cit., t. V, p. 579-580.〔邦訳 未確認〕

16） *Dictionnaire Flaubert*, sous la direction de Gisèle Séginger, Paris, Honoré Champion, 2017. における山崎敦（Atsushi Yamazaki）による「Mallet」の記事 を見よ。

17） Charles-Auguste Mallet, *Manuel de la philosophie à l'usage des élèves qui sui-vent les cours de l'univercité*, Paris, Maire-Nyon, 1835, p. 196.

18） Victor Cousin, « Spinoza et la synagogue des juifs portugais à Amsterdam », *Fragments philosophiques*, Paris, Ladrange, 1838, t. II, p. 163-166, p. 164.

19） *Ibid.*, p. 166.

20） Ernest Renan, *Spinoza. Discours prononcé à La Haye le 21 février 1877 pour le 200ᵉ anniversaire de sa mort*, Martinus Nijihoff, 1877. 同講演は次に再掲。 *Nouvelles études d'histoire religieuse, Œuvres complètes*, édition établie par Henriette Psichari, Paris, Calmann-Lévy, 1947-1961, 10 volumes, t. VII, p. 1024-1044, 1031.

21） Ernest Renan, *Nouvelles études d'histoire religieuse, Œuvres complètes*, éd. cit., t. VII, p. 708.

22） フローベールの1857年11月4日付マリー＝ソフィー・ルロワイエ・ド・シャン トピー宛書簡。*Correspondance*, éd. cit., t. II, p. 774.『フローベール全集』第9 巻所収、前出、368頁。

23） *L'Absolu littéraire. Théorie de la littérature du romantisme allemand*, édition et traduction par Philippe Lacoue-Labarthe et Jean-Luc Nancy, Paris, Seuil, « Poétiqu », 1978, p. 86.

24） フローベールの1857年11月4日付マリー＝ソフィー・ルロワイエ・ド・シャン トピー宛書簡。*Correspondance*, éd. cit., t. II, p. 774.『フローベール全集』第9 巻所収、前出、368頁。

25） フローベールの1862年12月8日付ロール・ド・モーパッサン（Laure de Mau-passant）宛書簡。*Correspondance*, éd. cit., t. III, p. 269.〔邦訳未確認〕

26） 1835年、*La Revue de nord.* においてフランス語に翻訳された。

27） Théophile Gautier, « Voyage dans le bleu », *L'Artiste*, 1ᵉʳ novembre 1848.

28） Flaubert, *Bouvard et Pécuchet*, édition Stéphanie Dord-Crouslé, Paris, GF, 2008, p. 290. フローベール『ブヴァールとペキュシェ』、菅谷憲興訳、作品社、 2019年、314頁。

29) Gilles Deleuze, *Spinoza : Philosophie pratique*, Paris, Minuit, 1981.（ジル・ド
ゥルーズ『スピノザ　実践の哲学』、鈴木雅大訳、平凡社（平凡社ライブラリー）、
2002年）のエピグラフを見よ。スピノザの『エチカ』を読む経験を主人公が語る
バーナード・マラマッドの『修理屋』(1966年)がそこで引用されている。「何ペ
ージかその本を読み始めるや、つむじ風に背中を押されるようにやめられなくな
ってしまったんです。〔……〕あんな思想に触れてしまった日には、まるで、魔
女の箒に跨がったようで」。ドゥルーズによるスピノザ受容におけるこの魔女の
飛行の隠喩については次を見よ。Chantal Jaquet, « "Un balai de sorcière" : De-
leuze et la lecture de l'*Éthique* de Spinoza », *Spinoza-Deleuze : lectures croi-
sées*, sous la direction d'Anne Sauvagnargues et Pascal Sévérac, Paris, ENS
Éditions, 2016, p. 83-96.

30) Gilles Deleuze et Claire Parnet, *Dialogues*, Flammarion, 1996, p. 22. ジル・ド
ゥルーズ、クレール・パルネ『ディアローグ　ドゥルーズの思想』、江川隆男・
増田靖彦訳、河出書房新社（河出文庫）、2011年、32頁。

31) Gustave Flaubert, *La Tentation de saint Antoine*, version de 1849, *Œuvres
complètes*, Paris, Gallimard, « Bibliothèque de la Pléiade », 2013, t. II, p. 498.
フローベール「『聖アントワーヌの誘惑』初稿より」、平井照敏訳、『フローベー
ル全集』第4巻所収、筑摩書房、1966年、281頁。

32) NAF23671, f° 108, Scénarios de *La Tentation de saint Antoine*, Le temps de l'
œuvre, transcription et notes par Gisèle Séginger, PURH, 2014, p. 136.

33) 『聖アントワーヌの誘惑』草稿における引用。NAF23671, f° 75, transcrit dans
l'édition des Œuvres complètes au Club de l'Honnête Homme, t.
IV, « Appendice », p. 351.

34) Gaston Bachelard, *L'Air et les songes. Essais sur l'imagination du mouve-
ment*, Paris, Corti, 1943, p. 20. ガストン・バシュラール『空と夢　運動の想像
力にかんする試論』、宇佐見英治訳、法政大学出版局、1968年、18頁。

35) Mircea Eliade, « Symbolisme de l'ascension », *Mythes, rêves et mystères*, Paris,
Gallimard, 1972, p. 135. ミルチャ・エリアーデ『神話と夢想と秘儀』、岡三郎訳、
国文社、1972年、144頁。

36) Victor Hugo, « Plein ciel », *La Légende des siècles*, *Œuvres complètes*, édition
chronologique publiée sous la direction de Jean Massin, Paris, Club Français
du Livre, 1967-1970, 18 vol., t. X, p. 655.

37) ルートヴィヒ・フォイエルバッハ、ジェラール・ベンスーサンによる引用。Gé-
lard Bensussan, « Feuerbach et le secret de Spinoza », *Spinoza au XIXe siè-
cle*, sous la direction d'André Tosel, Pierre-François Morreau et Jean Salem,
Paris, Publication de la Sorbonne, 2008.

38) Ernest Renan, Spinoza. *Discours prononcé à La Haye le 21 février 1877 pour
le 200e anniversaire de sa mort*, La Haye, Martinus Nijhoff, 1877, p. 13.

39) ジュール・シモン (Jules Simon) は、こうしたスピノザの論証の進め方が、プラ

トンとは逆になっていると説明している。「それは、低次の諸観念を通過し、意味から離れることによって本来の諸観念へと到る。そして神の観念に到達するまで一歩一歩梯子を上るのである」。(« Spinoza », *Revue des Deux Mondes*, 1843, t. 2, p. 405-426, p. 416.)

40) 1849年版『誘惑』の上演指示を見よ。「悪魔は狂おしいまでに空間を昇り続ける」。*Œuvres complètes*, éd. cit., t. II, p. 498. 「『聖アントワーヌの誘惑』初稿より」、前出、281頁。

41) ブヴァールとペキュシェは『エチカ』の読書の経験の後、「もっと超越論的でない何か」を探すこととなる。*Manuscrits du 1er volume de* Bouvard et Pécuchet, édition génétique en ligne, sous la direction d'Yvan Leclerc, Centre Flaubert, univercité de Rouen, vol. 4, f° 491v°.

42) Jacques Rancière, *La parole muette, Essais sur les contradictions de la littérature*, Paris, Hachette Littératures, 1998, p. 108.

43) エミール・セセによって引用されたヘーゲルの言葉。*Introduction critique aux œuvres de Spinoza*, Paris, Carpentier, 1860, p. 334.

44) Flaubert, *Bouvard et Pécuchet*, éd. cit., p. 290. フローベール『ブヴァールとペキュシェ』、前出、314頁。

45) Jean Philibert Damiron, *Essais sur l'histoire de la philosophie en France au XVIIe siècle*, Paris, Hachette, 1846, t. II, p. 181-182.

46) Hegel, *Phénoménologie de l'esprit*, traduction française par Jean Hippolyte, Paris, Aubier-Montaigne, 1939, p. 16. ヘーゲル『精神現象学』、全2冊、熊野純彦訳、筑摩書房（ちくま学芸文庫）、上巻32頁、2018年〔ラッソン／ホフマイスター版19頁〕。

47) Gaston Bachelard, *L'Air et les songes*, op. cit., p. 219 et 220. ガストン・バシュラール『空と夢』、前出、254頁及び255頁。

48) Charles Baudelaire, « Richard Wagner et *Tannhäuser* à Paris », *Œuvres complètes*, Paris, Gallimard, « Bibliothèque de la Pléiade », 1976, t. II, p. 784. シャルル・ボードレール「リヒャルト・ワーグナーと『タンホイザー』のパリ公演」、『ボードレール全集』第4巻所収、阿部良雄訳、筑摩書房、1987年、246頁。

49) 「それは強烈すぎた。彼らはそれを諦めた」。Gustave Flaubert, *Bouvard et Pécuchet*, op. cit., p. 290. ギュスターヴ・フローベール『ブヴァールとペキュシェ』、前出、314頁。

50) 同様のイメージを、アプレイウスについてフローベールが書いているくだりにも認めることができる。「哲学者先生（ヴィクトル・クーザン）〔左の括弧内はアズレー氏による挿入〕をキャンキャン言わせるのも私には驚くにあたりません。それは彼には強すぎるんです」。フローベールの1852年6月13日付ルイーズ・コレ（Louise Colet）宛書簡。*Correspondance*, éd. cit, t. II, p. 104.〔邦訳未確認〕

51) *Manuscrits du 1er volume de* Bouvard et Pecuchet, édition en ligne citée, vol. 7, f° 872.

52）Novalis, fragment 1770, *L'Encyclopédie. Notes et fragments*, éd. et trad. Maurice de Gandillac, préf. Ewald Wasmuth, Paris, Minuit, 1966, p. 393.

53）Jacques Derrida, « Une idée de Flaubert : "la lettre de Platon" », *RHLF*, 1981, no. 4-5, p. 664. ジャック・デリダ「フローベールのある一つの観念——「プラトンの手紙」」、『プシュケー I』所収、藤本一勇訳、岩波書店、2014年、454頁。

54）Atsushi Yamazaki, « Quel est le but de tout cela ? — Les « causes finales » dans *Bouvard et Pécuchet* », *Flaubert : revue critique et génétique* [en ligne], n° 7, « Bouvard et Pécuchet », sous la direction de Jacques Neefs et Anne Herschberg Pierrot, 2012.

55）フローベールの1853年8月26日付ルイーズ・コレ宛書簡。*Correspondance*, éd. cit, t. II, p. 417.『フローベール全集』第9巻所収、前出、山田𣝣・斎藤昌三訳、200頁。

56）Gustave Flaubert, *La Tentation de saint Antoine*, version de 1849, *Œuvres complètes*, éd. cit. t. II, p. 507.「『聖アントワーヌの誘惑』初稿より」、前出、291頁。

57）フローベールの1857年11月4日付マリー＝ソフィー・ルロワイエ・ド・シャントピー宛書簡。*Correspondance*, éd. cit., t. II, p. 774.『フローベール全集』第9巻所収、前出、蓮實重彦訳、368頁。

58）Goethe, *Mémoires*, traduction par Henri Richot, Paris, Charpentier, 1844, p. 262. ゲーテ『詩と真実』全4冊、第3部、山崎章甫訳、岩波書店（岩波文庫）、1997年、291頁（第14章）。

59）*Ibid.*, p. 277. 同前、第4部、18頁（第16章）。

60）*La Tentation de saint Antoine*, version de 1874, édition Claudine Gothot-Mersch, Paris, Gallimard, Folio classique, 1983, p. 209. フローベール『聖アントワーヌの誘惑〔1874年版〕』、『フローベール全集』第4巻所収、渡辺一夫・平井照敏訳、筑摩書房、1966年、125頁。

61）フローベールはセセの特徴的な言い回しを再び取り入れている。例えば、「知識のもっとも高次の段階は、幸福のもっとも高次の段階でもあらねばならない」と。NAF23671, f° 97, Sénarios de *La Tentation de saint Antoine. Le temps de l'œuvre*, transcription et notes par Gisèle Séginger, PURH, 2014, p. 230.

62）*La Tentations de saint Antoine*, version de 1849, Œeuvres complètes, éd. cit., t. II, p. 507.「『聖アントワーヌの誘惑』初稿より」、前出、291頁。

63）「我々は我々の永遠であることを感じかつ経験する」。スピノザ『エチカ』、第5部定理23備考。Spinoza, *Éthique*, traduction par Robert Misrahi, Paris, éditions de l'éclat, 2005, p. 309. スピノザ『エチカ』、全2冊、畠中尚志訳、岩波文庫、1975年改版、下巻121頁。

64）*La Tentations de saint Antoine*, version de 1849, *Œuvres complètes*, éd. cit., t. II, p. 498.「『聖アントワーヌの誘惑』初稿より」、前出、281頁。

65）*Ibid.*, p. 507. 同前、291頁。

66) フローベールの1852年1月16日付ルイーズ・コレ宛書簡。*Correspondance*, éd. cit, t. II, p. 204.『フローベール全集』第9巻所収、前出、山田𣝣・斎藤昌三訳、17頁。

67) 「〔……〕どんなものでも書くことができ、またこれは書けないというものもない」（フローベールの1853年6月25日付ルイーズ・コレ宛書簡）。*Correspondance*, éd. cit, t. II, p. 362.『フローベール全集』第9巻所収、前出、山田𣝣・斎藤昌三訳、161頁。

68) フローベールの1852年12月9日付ルイーズ・コレ宛書簡。*Correspondance*, éd. cit, t. II, p. 204.『フローベール全集』第9巻所収、前出、山田𣝣・斎藤昌三訳、104頁。

69) 次を見よ。Timothy Unwin, « Flaubert et Pantheism », *French studies*, 35, 1981, p. 394-406, p. 397.

70) フローベールの1853年12月23日付ルイーズ・コレ宛書簡。*Correspondance*, éd. cit, t. II, p. 485.『フローベール全集』第9巻所収、前出、山田𣝣・斎藤昌三訳、235頁。

71) フローベールの1846年4月7日付マクシム・デュ・カン（Maxime Du Camp）宛書簡。*Correspondance*, éd. cit, t. I, p. 263.『ボヴァリー夫人の手紙』、工藤庸子編訳、筑摩書房、1986年、38頁。

72) *Bouvard et Pécuchet*, éd. cit., p. 150.『ブヴァールとペキュシェ』、前出、128頁。

73) Pierre Macherey, « L'irréalisme de Flaubert », *À quoi pense la littérature? Exercices de philosophie littéraire*, Paris, PUF, « Pratiques théoriques », 1990, p. 155-176.「フロベールの非写実主義」、小倉孝誠訳、『文学生産の哲学　サドからフーコーまで』所収、藤原書店、1994年、213-245頁。

● 訳注

〔訳注1〕「モーセがモーセ五書の著者ではありえないことの証明」については、『神学政治論』第8章。

〔訳注2〕フランスの啓蒙思想におけるスピノザ主義との関係については次が参考になる。三井吉俊「啓蒙主義の厄介物としてのスピノザ」、『思想』2014年第4号（第1080号）「特集：スピノザというトラウマ」所収、岩波書店、2014年、115-137頁。

〔訳注3〕『エチカ』第4部の序言、及び第4部定理4の証明に出てくる言い回し。

〔訳注4〕ドイツ観念論及びロマン主義の思潮における汎神論論争とスピノザ主義の関係については多くの研究があるが、前出『思想』所収の、「〈座談会〉虚軸としてのスピノザ（II）」及び第2部の諸論考を参照。

〔訳注5〕正確にはレッシングの死後ヤコービが、レッシングと交わした対話の記録からレッシングの「スピノザ主義」（ヤコービにとっては「無神論」に等しい）を一方的に暴露したことがことの発端。前出の『思想』を参照のこと。ヤコービのスピノザ主義との関わりについてはヤコービ『スピノザの学説に関する書簡』（田

中光訳、知泉書館、2018年）を、レッシングのスピノザ主義との関わりについて
は安酸敏眞『レッシングとドイツ啓蒙』（創文社、1998年）をそれぞれ参照。

〔訳注6〕ゲーテのスピノザ主義との関わりについて日本語で読めるものとしては大槻
裕子『ゲーテとスピノザ主義』（同学社、2007年）を参照。また次が、研究の導
入として好適。平尾昌宏「ゲーテ、スピノザ、スピノザ主義——誰が「神即自
然」を語ったのか」、『モルフォロギア』第35号（「特集：ゲーテとスピノザ主
義」）所収、ゲーテ自然科学の集い、2013年、2-28頁。

〔訳注7〕原語「acosmisme（あるいはAkosmismus）」には「無宇宙論」の訳語を与え
ることもできようが、本稿では「無世界論」で統一した。

〔訳注8〕もとのギリシア語（ἓν καὶ πᾶν）の発音（有気音）を踏まえて「ヘン・カイ・パ
ーン（hen kai pan）」とも。なお汎神論論争を介して人口に膾炙したこの言い回
しを、スピノザは一度も用いていない。スピノザに関連する初出はヤコービとの
対話におけるレッシングの表現であるとみられる。〔訳注6〕で挙げたヤコービ
『スピノザの学説に関する書簡』、73頁を参照。

〔訳注9〕ヘーゲルがスピノザ哲学を「無世界論（Akosmismus）」として語っている箇
所としては、例えば、『エンチクロペディー』第1部「論理学」（通称「小論理
学」）第50節、『ヘーゲル全集』第1巻所収、真下信一・宮本十蔵訳、岩波書店、
1996年、175頁。

〔訳注10〕原語「impersonnalité」の派生型は文脈に応じて「非人格的」、「非人称的」
等で訳し分けた。

〔訳注11〕スピノザの一元論を東洋哲学との影響関係でとらえる見方もまた、ヘーゲル
によるもの。次を参照。ヘーゲル『哲学史』下巻の2、『ヘーゲル全集』第14b巻
所収、藤田健治訳、岩波書店、1996年第5刷、110頁。

〔訳注12〕当時、ヴィクトル・クーザンの哲学に代表される「折衷主義」の言い換えと
して「唯心論」の呼称が広く用いられていた。次を参照。ポール・ベニシ
ュー『作家の聖別　フランス・ロマン主義1』第5章第5節、片岡大右・原大地・
辻川慶子・古城毅訳、水声社、2015年。

〔訳注13〕フリードリヒ・シュレーゲルの「滑稽さ」について日本語で読めるものとし
ては、ロラン・バルトのコレージュ・ド・フランス講義における言及がある。次
はバルトによるシュレーゲル『断章』からの引用。「聖なる天命の導くままに、
唇に微笑を浮かべながら作家であることの滑稽さを克服しさえすれば、もはやこ
まごまとした滑稽さなど存在せず、私はそんなものはまったく気にしなくなる」
（ロラン・バルト『小説の準備　ロラン・バルト講義集成III』、石井洋二郎訳、
筑摩書房、2006年、234頁）。なお、同講義では、フローベールも大きく取り上
げられている。

〔訳注14〕ロール・ド・モーパッサン。作家ギ・ド・モーパッサンの母。

〔訳注15〕原語「métaphore」の訳語は「隠喩」で統一したが、以下直喩表現にも言及
される。広く「比喩表現」を指す語として理解されたい。

〔訳注16〕例えば、1874年版（第6章）の、次の悪魔のせりふ。「もし、実体が分割出来

るものとすれば、その本性を失うことになるし、神ももはや存在しなくなるだろ
う。それゆえ、神は無限でもあり不可分なものでもあるのだ」（フローベール
『聖アントワーヌの誘惑〔1874年版〕』、『フローベール全集』第4巻所収、渡辺一
夫・平井照敏訳、筑摩書房、1966年、127頁）。

〔訳注17〕プラトン『パイドロス』、250c。

〔訳注18〕シラノ・ド・ベルジュラック『日月両世界旅行記』、赤木昭三訳、岩波書店
（岩波文庫）、2005年。

〔訳注19〕ヘーゲル『哲学史』下巻の2、前出、116頁。

〔訳注20〕ちなみに、ここでのボードレールの記述はワーグナーの歌劇『タンホイザ
ー』を対象としたものであり、スピノザへの言及はない。

〔訳注21〕本文ではフローベールのスピノザ理解へのクーザンからの影響が触れられて
いるが、この原注50における書簡の引用された文脈を考慮するなら、フローベー
ルがクーザンのスピノザ解釈に不満を持っていた可能性についてもまた検討す
る必要があるかもしれない。なお余談めくが、同書簡の宛先である、当時フロー
ベールの恋人であったルイーズ・コレにはそれ以前、クーザンとの交際があった。

〔訳注22〕「至福についてのスピノザの理論」に関しては『エチカ』第5部を参照。

●訳者補記

　本稿は、Juliette Azoulai, « Flaubert, sur les ailles de Spinoza »,『立教大学
フランス文学』（立教大学フランス文学専修紀要）, Nº 48, 立教大学フランス文学
研究室, 2019, pp. 9-28.の全訳である。同紀要の菅谷憲興氏（立教大学教授）の序
文によると、同論考は、2018年5月12日、菅谷氏の組織のもと立教大学で開催
された学術会合「フローベール、スピノザ、ベルクソン――フランス19世紀に
おける文学と哲学 (Flaubert, Spinoza, Bergson — Littérature et philosophie
dans la France du XIXᵉ siècle)」における講演のテクスト版であるとのこと。
著者のジュリエット・アズレー氏はパリ東大学（l'Univercité Paris-Est）で准教
授を務めており、著書に *L'Âme et le Corps chez Flaubert. Une ontologie sim-
ple* (Classique Garnier, 2014) がある。
　引用については、適宜邦訳を参照したが、基本的には訳者が原文から訳出した。
フローベールの書簡に関しては、アズレー氏が参照するプレイヤード版の書簡集
(*Correspondance*, édition établie par Jean Bruneau et Yvan Leclerc, Paris,
Gallimard, « Bibliothèque de la Pléiade », 1973-2007, 5 vol.) の全訳がないため、
邦訳の参照指示は概ね『フローベール全集』（筑摩書房）に依ったが、同全集に収
録されていない書簡については『往復書簡　サンド＝フロベール』（持田明子編
訳、藤原書店、1998年）及び『ボヴァリー夫人の手紙』（工藤庸子編訳、筑摩書
房、1986年）で補った。上記の文献で邦訳の確認がとれなかった書簡に関しては
「〔邦訳未確認〕」とした。また、訳注の文献指示は日本語で読めるものに限定し、

訳文も指示した文献の訳文をそのまま用いた。

　最後に謝辞を。同紀要は、立教大学フランス文学専修の関係者への頒布を前提とした刊行物であるため、本来訳者は頒布の対象外である。訳者の希望を容れて分けて下さった発行元である立教大学フランス文学研究室のご厚意に心から御礼申し上げたい。また、本訳稿掲載をご快諾頂いたジュリエット・アズレー氏、及びアズレー氏との連絡を取り次いで下さった菅谷憲興氏にも心から御礼申し上げたい。両氏は訳者からの不明点の問い合せにも快く応じて下さった。また菅谷氏からは、草稿に対し多くのご提案や不備のご指摘を頂戴した。皆様、本当にありがとうございました。Je vous remercie infiniment.

〈書　評〉

市田良彦『ルイ・アルチュセール──行方不明者の哲学』（岩波新書、2018年）

市田良彦『ルイ・アルチュセール
──行方不明者の哲学』へのコメント

上 野　修

　合評会は冒頭で著者市田良彦から趣旨説明（ここに再録）がなされ、続いて平尾昌宏と私、上野がコメントを挟み、そのあと質疑応答と全体討議が行われた。以下はそれをふまえた覚え書きである。

　市田良彦著『ルイ・アルチュセール──行方不明者の哲学』（岩波新書、2018年）は異色のアルチュセール論である。著者自身の言葉で言えば、本書は「アルチュセールの哲学」を、彼がもっとも影響を受けた「スピノザをめぐってねつ造」する。「ねつ造」という言葉が示すように、アルチュセールがスピノザをどう論じ理解していたかということが問題なのではない。むしろ発見されたスピノザ・ノートをこの哲学者の徴候ないし症候として読み、そうやっていわばアルチュセールの知らないアルチュセール、アルチュセール自身が認めるとは限らないアルチュセールを描き出すこと。本書の賭金はそこにある。「スピノザをめぐって」という言葉はしたがって研究者が云々するスピノザ解釈のことではない。むしろスピノザが正しくアルチュセールの症候となりえているかどうかが問題なのである。私は門外漢なのでアルチュセール論そのものの成否は措くとして、ここでは本書を読む中で自分が経験していたある奇妙な感覚について触れてみたい。それは、アルチュセールがスピノザに近づけば近づくほどスピノザはそこにいない、というねじれた、ある種もどかしい感覚である。合評会で著者の執筆の「種明かし」を聞いているあいだも私は同じ感覚を経験していた。それは著者が間違っているからではなくて、むしろアルチュセールの真実がそこで語られているからではないか。

　著者は「確信（確実性）certitudo」の問題において二人を接合させる。確信はある種の「空虚」として与えられ、内容とその真理性はその空虚を満たすべくあとから流れ込んでくる。真理を見たという確信と、しかしそれを知らないという確信が一つになった確実性の経験。それを支えるのは「知る」に先立つ想像力の過剰さ、そして自分は深い現実と生々しくコンタクトしているという強烈な感情である。著者はアルチュセールがスピノザの「想像力」に関して遺した断片──すなわち『神学政治論』の預言者論の分析、『エチカ』第四部定理9の分析、そしてそれが言及する書簡17の「黒人の垢まみれのブラジル人」の白日夢といった断片が焦点を結ぶところに「幻覚 hallucination」としての確信という契機を見いだし、それはアルチュセール自身の確信経験であったことを示唆する。彼は「預言者のように何ものかとコンタクトしていた」のだと。そうした確信とその主体とは何か。

　それはラカンによっていみじくも「確実性（確信）の主体 le sujet de la cer-titude」と定式化されていた主体である。あるいはラカンに参照しながら『何を構造主義として認めるか』のドゥルーズが構造主義のヒーローと名づける主体、「空白の枡目」に伴う主体である。そう私が言っても市田は否定しないであろう。[1] あらゆる構造はそれが意味するものの構造である限り何らかの逆説的な対象ないし要素を含んでいる。言語と遭遇する赤ん坊は他者からやってくる最初の不可解なシニフィアンに「真理を見た」と確信し、その真理に自己同一化する。そこから一挙にすべてのものがこの真理をめぐる意味するもの、シニフィアンに変貌する。「空白の枡目」とはこうして成立する構造においてすべてのシニフィアンが参照する逆説的な要素、それ自体は意味を指定できない意味の意味である。そしてこの空白の枡目に伴いながら、世界をみずからに対して意味過剰なものにする審級、それが「主体」にほかならない。この主体は〈見た〉という確信によって無から始まり、〈見た〉と〈見ない〉が一つになった確信を支えとして存続することになる。それはまったく〈ある〉のでもまったく〈ない〉のでもなく、むしろ原始分割によってその両方に与る「抹消線を引かれた主体」（ラカン）である。本書のアルチュセールがそうした主体だとすれば、「いる」と「いない」を往復する行方不明者というのはよくわかる。そして問題の「幻想」としての確信がラカンの言う「二度失われたエウリディケ」

との出会い、すなわち不可能な真理としての現実界との思いがけない遭遇だとすれば、「深い現実との生々しいコンタクト」もよくわかる。そして状況の只中の空虚へと自己同一化することが革命の理論と実践に同時に身を置くただ一つの方法だということも。[2]

　しかし気になるのは、そうした確信が常に預言と哲学を（おそらく意図的に）混同するところに成り立っているように見えることである。『神学政治論』のスピノザは言っていた。預言者はたしかに確実性（確信）を持っている。だがそれは哲学の確実性とは何の関係もない。哲学の確実性は「数学的確実性」であって、自分の側に証明根拠を持っている。しかし預言者にはそれがない。その証拠に、預言者は異常なまでの過剰な想像力と正義へのコミットメントに加えて、神から与えられる外的なしるしがなければ確信を持てなかった。だから預言者の確信は哲学のそれとは「何の交渉も親近性もない」のだと（『神学政治論』第14章）。本書の「アルチュセールの哲学」は両者のこの無関係さ、断絶を、〈見る〉と〈見ない〉を「混同」させる想像力の過剰さによってたえず飛び越えることで成立しているように見える。それを可能にしているのは彼が自己同一化している空虚、著者の言葉で言えば切断しつつ繋ぐ「空白」である。その結果、スピノザにおいては哲学の他者であった預言的確信が「幻覚」としての確信（われわれは見た、われわれは狂っている）へと全面化し、それとともに「数学的確実性」ないし哲学の確信は排除される。もうひとりのコメンテーター平尾昌宏が「面白かったが内容がさっぱりわからない」、「なぜアルチュセールはスピノザにこだわったのか、なぜ落ちがスピノザではなくてパスカル、フーコーなのか」と評していたのは正鵠を射ている。難解だからわからないのではない。スピノザからアルチュセールに通じる経路はあらかじめブロックされていて、スピノザから見ていこうとするとさっぱりわからなくなるのである。

　私が合評会で、アルチュセールは哲学者よりはむしろ預言者なのではないかと言ったのはそういうことだった。「僕は哲学における政治的扇動者なのだ」とアルチュセールは告白していた。[3]その言葉は自分は哲学者ではないのかもしれないという疑念を伴っている。じっさい預言者が神から与えられる外的なしるしなしに確実性を持つことができないように、アルチュセールもまた外的な「状況の空虚」なしに確信を維持することはできないであろう。現実との生々

しいコンタクトを維持することはできないであろう。やがてその危機は訪れる。市田が指摘するように、プロレタリアート独裁の放棄という危機（1976年）はアルチュセールにとって敵対関係そのものの消滅の「危機」であった。空虚が、しるしが消滅するのである。「現に放棄しうるということは、最初から間違っていたということではないか」とアルチュセールは自問する。ならばなぜ早くからそう言わなかったのかと。「政治を思考することのマルクス主義の無能さ[4]」。そして重度の抑鬱。

　外的なしるしが消失してゆくとき、それとともに預言的確実性も失われる。これが「アルチュセールの哲学」の悲劇ではなかったか。しかしそこにスピノザはいない。スピノザは言っていた。この時代、もはや真正の預言者は現われない。それでも理性は預言的確信・預言的確実性を倫理的正しさとして手放す必要はない。むしろその正しさを別の根拠から、すなわち群集の力能によって定義される統治の力能という自然的根拠から、想像力ではなく知性の「数学的確実性」によって理解すること。それが『神学政治論』と『政治論』のスピノザがやろうとしていたことだった。われわれの精神は無限知性が帰結する一個の「身体の観念」であり、まさにそれゆえにみずからがそれである帰結の真なる認識から排除され、この見えない空白を肯定する衝動を「目を開けて見る夢」として生きる。イデオロギー論のアルチュセールはこうした『エチカ』のスピノザのテーゼの最も近くにいる[5]。しかし同時にスピノザは、現実の中にはいかなる空虚も偶然性もないということもまた論証していた。だからこそ、われわれが知らないところで群れなす身体たちは何をしているのかと問うこともできる。アルチュセールが近づくその場所にスピノザはいないのである。

●注
1)　ジャック・ラカンを高等師範学校に招聘したのはアルチュセールである。「確信（確実性）の主体」という定式は同年のセミネール『精神分析の四基本概念』（第二章）に現われる。また市田によれば、ドゥルーズから送られてきた『何を構造主義として認めるか』の原稿への応答（1968年2月）で、アルチュセールはドゥルーズが構造主義を構造主義たらしめる基準とみなした「空白の枡目 case vide」を自分の話をしているものと受け取っていたという。市田良彦「〈68年5月〉、哲学を解放する」（『フランス哲学・思想研究』第24号2019年、p. 9）

2) マキャヴェリ論の基本的アイデア。後年の「偶然性唯物論」も「空虚」を想定する限りスピノザではなくマキャヴェリ的である。

3) 1967年7月12日付フランカ宛書簡。

4) 「自らの限界にあるマルクス」(1978年)。なお『アルチュセール哲学・政治著作集』(全2巻、藤原書店、1999年)への上野の書評(『思想』No.909)も参照。

5) Cf. 上野修「アルチュセールとスピノザ」、『スピノザ『神学政治論』を読む』(ちくま学芸文庫、2014年)所収。

〈書　評〉

Atsuko Fukuoka, *The Sovereign and the Prophets: Spinoza on Grotian and Hobbesian Biblical Argumentation*（Brill 2018）

オランダ政治思想史の中の
ホッブズ主義と『神学政治論』

木　島　泰　三

　副題が示すように、本書はスピノザ論であり、同じく副題に掲げられたグロ
ティウスとホッブズの聖書解釈を補助線としながら、『神学・政治論』（以下
TTP）前半部の「神学パート」を分析する。表題の「主権者と預言者」はそこ
での中心的問題であり、これはjus circa sacra（宗教的事項に関わる法／権利）に
対する最終的決定権が世俗の主権者にあるのか、それとも聖書解釈のエキスパ
ートとしての聖職者（その地位において「預言者」に類比される）にあるのか、と
いう問題を表している。

　本書は前半と後半に分けられる。前半である第1-3章（本論は9章構成だが、分
量的には、ここまでで約半分ほどを占める）では、「レモンストラント論争」の時
代からTTPが世に出る時代までのjus circa sacraをめぐる論争状況が概観さ
れる。レモンストラント論争とは、17世紀オランダにおける「公的教会」と
してのカルヴァン派改革派教会内部の非正統的な学説である、アルミニウス主
義を信奉する宗教人が、正統派からの迫害を逃れるため、改革派教会の要求よ
りも寛容な宗教政策を支持する政治的指導者（レモンストラント派）の庇護を求
めたことに端を発する論争である。第1章の中心人物であるグロティウスは、
この論争でレモンストラント派を支持した中心的論客であり、歴史的にも、本
書の中でも、その後のjus circa sacra論の枠組みの設定において中心的役割を
果たす。

　レモンストラント論争はレモンストラント派の敗北に終わったが、その後の

オランダの政治思想史では、反主流派や、宗教的寛容を要求する人々が、改革派教会が要求する不寛容な宗教政策に対する制限を、国家権力による宗教的勢力の統制によってはかろうとする流れがしばしば再発する。著者によれば、1650-60年代に入ると、大学教育へのデカルト主義や地動説の導入の問題との関連で、単なる国家－教会問題から、「哲学スル自由」の問題と接続され、これがTTPの中心主題（最終の第20章で主題的に取り扱われる）につながる。そして著者によれば、この時期の展開に大きな影響を与えたのが、ホッブズの、とりわけ『リヴァイアサン』後半で展開される、聖書解釈に基づく国家－宗教論であった。第2章ではこの観点から、ホッブズの、一切のjus circa sacraを国家権力の管理下に置くラディカルな政治思想と、それを裏づける聖書解釈のアウトラインが示される。

　第3章は前半のクライマックスであり、「主権者と預言者」の問題の原型とも言える、旧約聖書の、モーセとアロンの関係を述べた申命記第17章の一節やその後の古代ユダヤ人の国家体制の叙述がどのように訳され、解釈されてきたかの比較研究を行う。この章ではまた（後半の本格的検討に先立ち）、TTPの聖書解釈も紹介される。例えばスピノザはTTP第17章で、古代ヘブライ人の国家体制を模範的体制として称揚するような議論を展開した後、後半に至って、その国家体制に対するネガティブな評価を提起する。この箇所に首を傾げるTTP読者は多いと思うが、本書によれば、旧約の古代ヘブライ人の体制と現代オランダの国家体制を重ねて論じるのは当時の一般的な手法であり、スピノザはそれを意識しつつ、聖書の中に理想国家を求める姿勢自体に疑問を投ずるという態度を取っていたということなのである。

　また、ここに来て、オランダ政治思想史におけるホッブズ受容の問題も見えてくる。Laerkeも本書の書評で指摘するように（*Archives de Philosophie* 82所収, pp.884-885）、もともとホッブズはオランダの政治論争とは異なる文脈において思索し著述した哲学者であり、『リヴァイアサン』には、オランダの共和主義者たちが利用しにくい要素も含まれる。例えば本書はこの観点から、ファン・ベルケルの蘭訳（1667年）の、偶然とは思いがたいいくつもの「誤訳」を指摘する。さらにこの問題は、当時の論争状況自体が、例えば「哲学スル自由」の問題を典型とするように、「国家vs.教会」という二項関係から、「国家vs.教会

vs.自由」という三項関係に問題がシフトしていった過程でもある、という著者の見立てともつながる。この問題を象徴するのは、国家による宗教勢力の統制を訴えたホッブズ主義者アドリアーン・クールバッハが、改革派教会の要請で国家が制定した法に触れて獄死した事件である。

　このような状況は、多くはデカルト主義者でもあったホッブズ主義者に、ホッブズ思想をも乗り越えて「哲学スル自由」の擁護論を確立すべきだという課題を与えた。そして本書は、スピノザがまさにこの課題を引き受けてTTPを執筆した、という解釈を提起する。そしてこれは、スピノザがホッブズの著作として、ラテン語で早い時期に出版されていた『市民論』（1647年）のみならず、英語で出版された『リヴァイアサン』（1651年）の内容をも、その後半の聖書解釈も含めて熟知し、それを参照しながらTTPを書き進めていた見込みを高める。これは本書後半を支える作業仮説でもあるが、著者は第3章の最後で、まさに推理小説のような筆致で、スピノザが『リヴァイアサン』の蘭訳（1665年）やホッブズ自身によるラテン語訳（1668年）に接していた蓋然性が非常に大きいことを示す。

　本書後半は大きく分けてTTPにおけるjus circa sacra論を論ずる第4-5章、ホッブズとスピノザの聖書解釈のテキスト内在的比較を行う第6-8章、同時代の公法学者フベルスのホッブズ批判を取り上げる第9章の、大きく3つのパートに分かれる。これらの章は、日本語で出版された前著『国家・教会・自由——スピノザとホッブズの旧約テクスト解釈を巡る対抗』（東京大学出版会、2008年）と内容的に重なり合うが、本書は決して前著の「英語版」ではなく、さらなる研究に基づく、別のコンセプトのもとに書き下ろされた書物である。例えば前著で100ページ以上を費やして書かれたオランダ17世紀政治思想史の叙述（第2章）は、恐らく読者にとっての既知の事項として本書では除かれ（前著のこの箇所は、本書を読む日本の読者の多くにとっても有益な副読本であり続けている）、その代わりにjus circa sacraをめぐるテキストの考証をベースとした章（第1章、第3章）が据えられる。他の章は旧著と対応する主題を扱うが、これらに関しても、前半で取り出された歴史認識に基づき、より明確な整理が施されている。

　本書も、前著と重なり合う主題、例えばホッブズとスピノザの聖書解釈の対

照などに関しては、基本的には前著を踏襲している。評者は前著についても別の学会誌に書評を書かせて頂いたのだが（『社会思想史研究』第33号）、そこで述べた印象は本書のこの部分にもある程度当てはまる。とはいえ、例えば第4-5章のTTPの読解について言えば、前著の知見をさらに掘り下げ、また前半で示された歴史的状況からのTTPの読み直しを積極的に進めた、新たな知見を多く含む論考である。例えば本書は、ファベイクがスピノザの論証の「弁証論的性格 (dialectical character)」と呼んだ手法を、例えば「神の王国」の議論などに積極的に読み込み、歴史的背景との関連からしても有益な解釈を提起している。ここで言う「弁証論的」手法とは、論敵も採用するはずの原理から出発し、幾何学的論証を経て論敵にとって不本意な、出発点の想定を換骨奪胎したような結論に至るという方法を指す。これは古くはシュトラウス、現代ではヨヴェルなどが提起する解釈に近いが、本書は歴史的な文脈を踏まえ、この解釈をテキストに即して詳細に行っている点で、この解釈の説得力を大いに高めている。また、第5章では、TTP序盤の預言および預言者の議論が、TTP第15章以降の政治論パートにおける思想の自由および言論の自由を擁護する議論の骨格を提供していることを示すが、これもまた、当時のbiblical argumentationと政治状況の密接な関連への注目と連動した議論だと言える。

　このような本書全体の意義は、著者自身の言葉が雄弁に物語る。まず著者は序論において、当時の聖書を援用する政治論争を次のように特徴づける——「各々のテーマは各思想家に委ねられ、各思想家による解釈を誘発する。それによりそのテーマは、陣営と時代の垣根を越えて子孫と変種を生み出す。その結果、jus circa sacraに関する歴史資料の中に、しばしば遠い過去の論争で展開された論証と本質的によく似た論証が見いだされることになる。これにより、レモンストラント派の人々の聖書解釈について、彼らの原テキストからほんの数行引いて講釈する方が、同じ主題に関する現代の諸理論の、こんにちの観点からの総括を読むよりも、スピノザのjus circa sacraに関する論証の中の筋道に関する洞察をはるかに多く与えてくれることになる」(p.17)。終章 (Conclusion) では、17世紀の神学論争の複雑な性格と、このような論争状況の忘却について、次のような指摘がなされる——「宗教は各々の信者の私的問題となり、神の命令は有権者の命令に置き換わった。主権者たちは、かつて自分たちが、

神のメッセージの解釈に対する最終判断を保証するために、神に直属する立場の占有を要求する人々と競合せねばならなかった過去を忘却して久しい。この状況が変化し始めたのはごく最近に過ぎないのである」(p.349)。しかしまた著者によれば当時の論争は、「権威と自立」「主権と自由」の問題を当時なりの手法で取り上げている点で現代との連続性を見いだしうるのであり、この点でTTPは現代の我々にとって有益な洞察を与えうる。

　本書評では本書で提起される解釈や分析の詳しい内実には立ち入れなかった。本書はTTPを読み解く際の重要な手引きとして、長く参照されていくと思われる。著者の具体的なテキスト解釈も、その作業の中でその都度詳しく検討されていくはずである。

〈書　評〉

秋保亘『スピノザ　力の存在論と生の哲学』（法政大学出版局、2019年）

「或る生」の哲学とは何か？

藤　田　尚　志

はじめに．ベルクソンとの関係──生の哲学と「或る生」の哲学

　著者は、スピノザに関する精密極まる著作の最初と最後でベルクソンを二度召喚している。[1]この目配せを副次的で非本質的なものと見なすこともももちろん可能である。その印象は、目次を一瞥し、本書で扱われる主要な問題（スピノザ哲学全体における『知性改善論』の位置付け（第一章・第二章）、『エチカ』定義論の身分・機能と原因性の理解（第三章・第四章）、個別的なものの有限性・本質、その永遠性の内実（第五章・第六章））を概観することで、強まるかもしれない。だが、著作の副題に目を留め、序論に記された本書の中心課題──「スピノザ哲学の生成と構造を描き出すことを介して、スピノザ哲学を〈力の存在論〉として読み解き、それによって〈生の哲学〉として定式化すること」（9頁）──に留意して本文を読み進めていくと、印象は徐々に変化していく。スピノザ哲学を〈生の哲学〉として定式化するのであれば、生の哲学者ベルクソンを念頭に置いていても不思議ではない、と。

　ただし、ここで見落とされがちだが重要な点に注意を喚起しておきたい。それは表紙にも小さく印刷されている本書のフランス語タイトルが、Spinoza. L'ontologie de la puissance et la philosophie d'*une* vieになっているという点である。ご承知の通り「生の哲学」のフランス語は通常la philosophie de *la* vieであるが、著者は敢えて「或る生」の哲学としている。[2]これを意志的・意識的・戦略的選択として厳粛に受け取ることにしよう。すると、生の哲学者ベルクソンと「或る生」の哲学者スピノザの差異がそこから展開されうるものとして本書を読むのが最も生産的な読解であることになるかもしれない。このような読解が達成されれば、ベルクソンの思想に馴染んだ者にとって、その「時

間の突然の除去」がいささか釈然としない、例の有名な一節──「もしスピノ
ザがデカルト以前に生きていたとすれば、おそらく別のものを書いていたでし
ょうが、しかし彼が生きて書くかぎりスピノザ哲学というものはやはり存在す
る³⁾」──に対して納得のいく答えを見出すことができるのかもしれない。

序論・第一章「スピノザ哲学の開始点──確実性の問題」・
第二章「実在と本質──スピノザ形而上学の問題」

　1)「一人称の生」をめぐって。『知性改善論』冒頭という「スピノザが一人
称で語りだすテクスト、しかも自らの来し方を振り返り、一人称の生を語り出
すテクストからこそ、この問題をあぶりだす〔……〕ことで、スピノザの思考
の深部に入り込むことが可能になるはずである」(4頁、以下強調傍点はすべて引
用者による)。だが、だとすれば、スピノザが『エチカ』の"非人称"ないし
"三人称"的文体へと移行していったことは、何を意味していることになるの
だろうか。おそらく「或る生」と、『改善論』の「一人称の生」とはどこかで
結びついているに違いない。だが、どこで、どうやって？
　2)「戦略」について。著者は、「『改善論』のテクストに固有な性格」として、
「その冒頭で示されるスピノザ自身の哲学的な企てを背景としつつ、広く新哲
学に親しんだ者たちという意味でのデカルト主義者たちの述語〔術語？　引用
者〕や概念枠を意図的に用いながら、彼らの思想とスピノザ自身の思想との差
異の所在を明確にしつつ自説を展開するという戦略を持ったテクスト」である
点を挙げる(8頁)。そのような「戦略」が『改善論』に固有の性格なのだとす
れば、『エチカ』はまったく別の戦略を持つのでなければならないが、104、
111頁を見るかぎり、そうなっていないように思われる。また、37頁・注(12)
のモローのように『改善論』で「確実性」が語られる際の「ほとんど強迫観念
と言える繰り返し」に注目しないのは何故なのだろうか。これほど「一人称の
生」に注目し、文体や術語や概念枠に注目していながら、そこから美しく整合
的な議論の流れだけを取り出し、論述のいわば"濁り"のようなものに着目し
ないのは何故なのだろうか。

第三章「スピノザ形而上学の構造──本質・実在・力能」・
第四章「Ratio seu Causa ──原因あるいは理由」

3) 第三章前半では「定義論」が問題となる。争点となるのは、書簡9における二種類の「定義」の解釈や『エチカ』冒頭の定義の曖昧性・戦略性である。前者に関してのみ言えば、カーリー（A派）は、ナドラーやマシュレとともに、定義A＝事象的定義としているそうだが、注（10）を見るかぎり、ドゥルーズの事象的定義は「発生的」であり、ザックも「生成的定義」としていて、いずれも上野（B派）に近いように見える。どういうことだろうか。

4) 第三章後半では「力の存在論」が問題となる。ここでの論敵は「優勝性の哲学」、すなわち神のうちにのみ完全性が優勝的に含まれ、それが被造物の存在の欠如についての尺度を与える（120頁）とする哲学である。「スピノザ哲学においては、〔……〕「力能（potentia）」は、未だ実現されざる潜在的・可能的なものという意味を捨て去り、現実的に実在しつつ、常に活動実現状態にある本質としての力、より詳しく言えば、諸々の結果を産出する力という意味を持つことになる」（123頁）。ここで提示される「主体なき産出性、その背後にいかなる基体をも持たない純粋な産出的活動性」（125頁）とするマトゥロンの解釈は現代的で魅力的だが、定義論の堅実さに比べると、ずいぶん解釈的に見える。「『エチカ』の冒頭部のみからはしかし、これらの問いに対するはっきりした答えを見出すのは難しい。〔……〕スピノザ自身がこれらについて多くのことを明示的に語っているわけではないからである」（117頁）と著者自ら認めているように、テクスト的根拠には乏しい。定義論の厳密・確実性追求と力の存在論の解釈的冒険の差異は、スピノザ哲学自体に内在的なものなのだろうか。

5) 第四章で著者はデカルトとスピノザの差異を次のようにまとめている。

	デカルト	スピノザ
	「原因いうなら理由」（causa sive ratio）	「理由あるいは原因」（ration seu causa）
1	有限存在と神の原因性は異なる。 実在の原因は多義的。	神と有限存在とで原因性は一義的。 実在の原因も一義的。
2	作用因（有限な原因性）実在探究モデル	作用因モデルの実在探究を批判。 自己原因が実在探究の基軸に。

3	結果から原因へという議論の規制	原因から結果へという議論の統制
4	実在に関する原因性（作用因）と本質に関する原因性（形相因）は異なる。	実在と本質の原因性は同一
5	神の実在の根拠＝神の本質の包括的理解不可能性（汲みつくしえない力能）	神の実在の根拠＝本質の必然性⇒全原因・理由理解可能（絶対的合理主義）

「かくてデカルトにおいては有限存在の原因性と神の原因性に同質性がなかったのに対して、スピノザにおいては両者が同じ必然性のもとで一義的なものとなるのである」（163頁）という両者の差異について、「力によってこそ、いわば論理（言表レベル）は現実（事象）へと潰れていく」（162頁）と足早に言われているが、この一節は決定的に重要であり、敷衍が望まれる部分であるように思われる。

第五章「個別的なものの実在と本質」・第六章「本質・実在・力能——永遠性」・結論「力の存在論と生の哲学」

　6）本書で最も重要な部分であると同時に、非専門家にはきわめて難解であったと言わざるを得ない。「精神の本質を成す身体の実在の肯定は、他ならぬ当の精神自身が自らに固有の対象としている、自己自身の個別的な身体、唯一無二のこの身体の現実的実在に関して、刻々と現実的に行使されているこれまた唯一無二の個別的な肯定、否定性を一切含まない純粋な肯定である。〔……〕コナトゥスの導出の端緒となっていた否定性は、まさにこの肯定性の影に他ならない」（216-217頁）と言われているのだが、正直に言ってよく分からない（207-208頁の議論も難しい）。「コナトゥスの議論は、スピノザの力の存在論を個別的なものの場面に展開したものにほかならない」（218頁）といった議論も、持っていきたい方向性は分かる気がするが、実際にそれが論証されたことになるのかが分からない。それはおそらく、第四章の鍵となる一文に類似の表現——「要するに、一般性あるいは力の側面と個別性（身体−精神）は、個別的なものの本質の肯定性へと潰れてひとつになる」（217-218頁）——がさらなる解明を待っているのと同種の事態なのだと思われる。

　7）著者は三つの段階を区別している。「精神による自己自身の永遠性の認識

とは、①私たちのあずかり知らぬところで、私たちの精神による認識の圏外で、つまり私たちの身体の在るところで常に刻々と自らを肯定し続けているこの生を、他ならぬ自己自身のものとして肯定し、②それによって生そのものである肯定性に到達すること、③さらに、認識している者の認識作用と、その認識が対象とする身体の生きている生が、ひとつの同じ生、純粋な自己肯定的生であることを理解することだ」(256頁)。この三段階が一つの営為に圧縮されると次のようになる。「まさにここにこそ、スピノザが、そして私たち自身が求めていた揺るぎない確実な永遠なる生の様式が存する。本質と実在を力能によって統合し、存在するものをその活動実現性において捉えようとするスピノザの力の存在論はかくて、そのまま生の肯定の倫理学、生そのものを思考する生の哲学にほかならない」(257頁)。

　これは著者の中では、最終的に第二段階に収斂していくように思われる。「②この実在を裏打ちしている永遠なる純粋な産出的活動性、生そのものに他ならないこの〈外〉は、それでもなお〔……〕思考することしかできないものである。〔……〕③私たちはこの〈外〉を思考することによってはじめて、私たちがそこから締め出されていた自己自身の生に到達することになる。／②永遠なる純粋な産出的活動性という生そのものを、この活動性の一部である思考を介して理解すること。ここに到達するために私たちは、なんと峻嶮でなんと迂遠な途を通らねばならなかったことか」(同)。

　③が欠けて②が到達点となる「生そのもの」(la vie)の哲学は、賢者だけが辿りうる理想的道筋に思える。だが、「或る生」(une vie)の哲学、スピノザ的“倫理学”には、第四部「人間の隷従あるいは感情の力について」すなわち「批判と創造の思考」(江川)としてのスピノザ哲学の「批判」の部分が不可欠ではないだろうか。本書が「或る生の哲学」としてのスピノザを描き出すことをその目的としているとして、そこに『エチカ』第四部の読解がほとんど現れてこないのは、何らかの「戦略」に基づいているのだろうか。本書の賭け金は、「トップダウンの形而上学」(248頁)と見られやすいスピノザ哲学に、いわばボトムアップの議論が一貫して見られるという主張が成立するか否かにかかっているように思われる。

最後に

　本書が、一次文献の精密な読解と二次文献の丹念な調査に裏打ちされた、きわめて高い水準にあるスピノザ研究であることは、門外漢にもはっきりと感じられる。ただ、著者には申し訳ないかぎりだが、本書を未読の読者にその魅力を伝えることは、書評者の手に余る難業である。一読明らかなとおり、書評者が書き連ねた断片的な質問は門外漢の悪戦苦闘の痕跡にすぎず、完全に的外れな惧れがある。もし一連の質問に何らかの価値があるとすれば、それらが「或る生の哲学とは何か？」という問いに結び付けられる場合に限られるだろうが、それを最もよくなしうるのはおそらく、すでに一度本書を読んだ専門家の方々であろう。そのような方々に対してならば、この非力な書評も多少の意味をもつかもしれない。

●注

1) p.vi-vii、275頁。一方ではスピノザを繊細で精妙な空気に喩え、他方では私たちを運び去る烈風に喩えるベルクソンは、別のところでは生命と物質の関係をも風に喩えていた。「生物は一陣の風に巻き上げられた埃の渦のようなもので、生命の大いなる息吹のなかに浮かんだまま、ぐるぐると自転する」(Henri Bergson, *L'évolution créatrice*, PUF, coll. « Quadrige », 2007, p. 129)。Cf. 杉山直樹「スピノザとベルクソン——〈実在の思惟〉をめぐって」『スピノザーナ12』33-54頁。
2) 当然、ドゥルーズ最後の小文「内在：或る生……」(Une vie...)も思い起こされるだろうが、今そこに立ち入る余裕はない。Cf. 近藤和敬『ドゥルーズとガタリの『哲学とは何か』を精読する——〈内在〉の哲学試論』、講談社選書メチエ、2020年。
3) Henri Bergson, *La pensée et le mouvant*, PUF, coll. « Quadrige », 2013, p. 124.

『政治思想における真実と虚偽』
（『政治思想研究』第21号）

2021年5月1日発行

【特集】

■田畑真一「正統な権威としてのデモクラシー——認識的価値と平等からのデモクラシー擁護論の検討」

■大竹弘二「危機の時代と仮面の政治——バロック公共圏をめぐるヘルムート・プレスナーとヴァイマル知識人」

■島田英明「何を詩題となすべきか——徳富蘇峰と漢文学の系脈」

■梅垣千尋「女性思想家の〈マイナー性〉——〈愛〉をめぐるウルストンクラフトのバーク批判を事例として」

【海外研究者招聘講演】ジョン・ダン教授「民主的正当性における真実、信頼とインプレッション・マネジメント」

■John Dunn「Truth, Trust and Impression-management in Democratic Legitimacy」

Comments（Ryuichi Yamaoka, Mizuki Nagami）／ Reply to the Discussants（John Dunn）／ジョン・ダン「民主的正当性における真実、信頼とインプレッション・マネジメント」について（堤林剣）

【公募論文】

▼内藤葉子「ドイツ市民女性運動と女性の政治参加——帝政期からヴァイマール初期にかけてのマリアンネ・ヴェーバーを中心に」▼望月詩史「徳富蘇峰の「勢」観」▼横尾祐樹「レオナルド・ブルーニにおけるプラトン受容と祖国への義務履行——応酬性・霊魂不滅・徳の教育」▼仲井成志「イギリス保守党における欧州懐疑主義の思想的分析——マーガレット・サッチャー、ビル・キャッシュ、ダグラス・カースウェル」▼牧野正義「グローバル化と討議理論——越境する政治とシティズンシップ」▼酒井大輔「戦後政治学の諸潮流——計量書誌学的分析」九四五～九八九

＊ほか書評7本

編集＝政治思想学会（代表理事　松田宏一郎）

〒101-8425 東京都千代田区神田神保町3-8 専修大学1号館9014号室 政治思想学会事務局

発行＝風行社

【A5判・並製・本体価格2500円】

スピノザ協会について

　スピノザ協会は1989年3月27日、日本におけるスピノザ研究およびスピノザの思想の理解のための活動をうながすことをめざし設立されました。研究者ばかりでなく、ひろくその思想に関心をもつかたがたによびかけ、活動しています。

おもな活動内容
- 年1回の総会を開催
- 研究会、講演会などの開催
- 内外のスピノザ研究の成果を紹介する学術誌『スピノザーナ：スピノザ協会年報』の発行
- オランダ、フランスをはじめとする海外のスピノザ協会との交流や情報交換
- 共同研究の支援、研究資料などの提供

入会について
- 規約に定める目的に賛同し、年会費を納めることを要件とする
- 会員は、本協会の開催する会合、催しの通知を受け、これに出席できる。また年報などの配布を受ける

＊詳しくは、協会のサイトをご覧ください。申し込みは事務局宛のメールでお願いします。

運営委員（任期2018〜2020年度／2019.3.16選出）
　朝倉友海、上野修（代表）、柏葉武秀、木島泰三（広報）、鈴木泉（企画）、高木久夫（編集）、平尾昌宏（事務局・編集）、藤井千佳世、吉田量彦（編集）

規　　約 (1989.3.27 発足会合で制定/2000.4.22/2005.4.2総会で改訂)

1. 本会は「スピノザ協会」と称する。
2. 本会は事務局を東京都文京区本郷7-3-1 東京大学哲学研究室内におく。
3. 本会は、スピノザ (Baruch Spinoza 以下スピノザと呼ぶ) 研究者およびスピノザの思想に関心をもつ者の交流を通じ、スピノザの思想の理解および研究に役立つ活動を補助、推進することを目的とする。
4. 本会の活動は、情報の交換を主とし、つぎのことを行なう。
    4.1　年1回の総会の開催。
    4.2　内外の研究成果および動向を紹介する年報の発行。

4.3　会員の情報交換の補助、促進。

4.4　その他第1項の目的に合致する活動。

5. 本会は、限られたスピノザ研究者あるいは愛好家だけのものではなく、一般に対し開かれた会である。

6. 本会の目的に賛同し、年会費を納入した者はすべて会員と見なされる。

7. 年会費の額は総会において決定する。

8. 運営委員若干名を置き、委員の互選により、代表および事務局幹事各1名を選出する。

9. 運営委員の任期は2年とし、総会で承認、任命される。ただし再任を妨げない。

10. 事務局は協会の事務を担当し、運営委員会がこれに責任を負う。事務局幹事は必要人数の書記を任命し、これとともに事務局を構成する。

会費及び寄付に関する補則（2000.4.22総会で制定/2004.3.28総会で改訂/2008.4.19総会で再改訂/2010.5.8総会で附則1-1, 1-2を追加）

1　一般会員の年会費は4,000円*とする。ただし協会維持への特別の貢献に賛同する会員は維持会員とし、年会費を6,000円とする**（2008年度より）。

　　附則1-1.　学生会員は申告のあった年度につき年会費を3000円とする（2010年度より）。

　　附則1-2.　75歳以上の会員は申告に基づき年会費の納入を任意とする（2010年度より）。

2　4期連続で滞納した場合は会員の権利を失う。

3　毎年発行する『年報』は、前年度会費滞納者には無料配布しない。

4　寄付者の氏名はそのつど会報で報告する。ただし寄付者本人が公表を望まない場合はそのかぎりではない。

*［事務局注記］1998年度までは2,000円、2004年度までは3,000円です。

**［事務局注記］維持会員になっていただける方は事務局にお知らせ下さい。

『スピノザ協会年報』投稿要項（1998.4.25総会で制定/2001.3.31総会で改訂）

1　掲載原稿の種類

　　(a) 総会およびスピノザ研究会での報告者による報告内容に関する論文

　　(b) 投稿論文

　　(c) 書評

　　(d) 翻訳・資料紹介

　　(e) エッセイ・その他

2　執筆者の資格

　　2.1　原稿の種類(a)は総会および研究会の報告者。必要と認められた場合、その報

告に関係する者（司会者や質問者等）の寄稿も受け付ける。

2.2 原稿の種類(b), (c), (d), (e)の投稿は、原則としてスピノザ協会会員にかぎる。ただし編集委員会が協会の活動に有益と認め、掲載に適当と認めた場合には、非会員にも執筆を依頼できる。

3 審査

3.1 投稿された論文等については、編集委員会または編集委員会の委嘱するレフェリーが審査を担当する。編集委員はスピノザ協会運営委員が兼務する。

3.2 投稿された論文等について、編集委員会は加筆や短縮、この要項の1項に定める掲載原稿の種類を変更することなどを求める場合がある。

4 原稿の内容

協会の活動に寄与するもの。特に論文については、スピノザの哲学・思想の研究に寄与するもの。

5 原稿の分量

5.1 原稿の種類 (a), (b) に関しては、16,000字（400字詰原稿用紙40枚）以内。

5.2 原稿の種類 (c) に関しては、4,000字（400字詰原稿用紙10枚）以内。

5.3 原稿の種類 (d), (e) に関しては、とくに制限をもうけないが、編集委員会の判断により短縮をお願いする場合がある。

5.4 編集委員会がこの要項の3.2に定める書き直しなどを求める場合、編集委員会は5.1および5.2の制限をこえる分量を認めることができる。

6 原稿の形式

6.1 原資料などを除き、原則としてワープロ入力による原稿とする。データの様式などについては「スタイルマニュアル」を参照のこと。「スタイルマニュアル」は編集委員会が必要に応じて見直し、随時改正できる。

6.2 データ入力がどうしても不可能な場合、手書き原稿も受け付ける。ただし入力作業に時間を要するので、投稿締切の2週間前に提出のこと。また入力経費が嵩む場合、編集委員会で検討のうえ、執筆者に負担をお願いする可能性がある。

6.3 原稿の種類 (a) と (b) には、英文要約（400語以内）を添付すること。また、すべての原稿に英文題名を並記すること。

6.4 原稿およびフロッピーディスクは返却しない。

7 著作権

原稿の著作権は執筆者本人に属する。ただし本人が同一原稿を（自分の論文集などに）別途使用する場合、当協会にその旨通知しなければならない。また、執筆者以外の者が、年報に掲載された原稿を（他の雑誌などに）別途使用する場合には、執筆者本人ならびに当協会の許諾を得なければならない。

スピノザ文献オンラインネットワークSBON

　ドイツのスピノザ協会が構築してきたスピノザ文献オンラインネットワーク（Spinoza Bibliography Online Network = SBON）に各国からの参加が求められています。SBONにはすでに、1653年から現在に至るまでのスピノザ関係の文献5,000件あまりが登録されています。ドイツはもとより、各国のスピノザ協会や研究集団が協力しています。2007年に日本のスピノザ協会もプロジェクトに参加することになりましたのでご紹介します。

　SBONがすばらしいのは、誰でもインターネットを介して文献情報を入力・提供し、自分の論文や紹介したい著作を世界中の人々に知ってもらえることです。日本の研究が海外に知られる貴重なチャンスと言えます。タイトルなどには日本語も入力でき、日本語での検索にもヒットします。

　アドレスは、http://www.spinoza-bibliography.de/です。簡単な操作法は、スピノザ協会のウェブサイトでご覧頂けます（http://www1.odn.ne.jp/gakuju/kyokai/SBON.htm）。

　送られた情報はいきなり公開されず、いったんSBONスタッフによるチェックに回ります。日本からの情報提供に関してはスピノザ協会がチェックに協力します。SBONの上で公開されるのはそのあとであり、また公開後も随時修正できるので、安心して入力できます。

　SBONは今後、ますます重要なスピノザ文献データベースになってゆくでしょう。検索のご利用がてらぜひお試しになってください。

スピノザ協会活動の記録（2018-21年度）

I. 総会・講演会

第29回総会講演　2019年3月16日/東京大学本郷キャンパス
- 田中光「ヤコービ『スピノザの学説に関する書簡』について」
- 吉田達「ヘルダーとスピノザ」

第30回総会講演　2020年12月19日/オンライン
- 山崎敦「スピノザとフローベール──『聖アントワーヌの誘惑』をめぐって」

第31回総会講演　2021年6月19日/オンライン
- 木島泰三「『自由意志の向こう側』の少し向こう側──同書のスピノザ論とその後のいくばくかの進展」

II. 研究会

第68回研究会　2019年7月20日/立命館大学衣笠キャンパス
〈市田良彦『ルイ・アルチュセール──行方不明者の哲学』合評会〉
- 市田良彦『ルイ・アルチュセール──行方不明者の哲学』趣旨説明
- 平尾昌宏『ルイ・アルチュセール』へのコメント、その1
- 上野修『ルイ・アルチュセール』へのコメント、その2「一読者から」

第69回研究会　2019年9月8日/東京大学本郷キャンパス
〈秋保亘『スピノザ：力の存在論と生の哲学』合評会〉
- 立花達也「『スピノザ』へのコメント1」
- 藤田尚志「『スピノザ』へのコメント2」
- 秋保亘「著者からの回答」
〈江川隆男『スピノザ『エチカ』講義』合評会〉
- 平井靖史「『スピノザ『エチカ』講義』へのコメント1」
- 鈴木泉「『スピノザ』へのコメント2」
- 江川隆男「著者からの回答」

第70回研究会　2019年12月7-8日/東京大学本郷キャンパス
〈十九世紀フランス哲学におけるスピノザの影 その1──世紀前半（科研「二つのスピノザ・ルネッサンスの狭間──十九世紀フランス哲学におけるスピノザの影」（研究代表者・上野修）との共催）〉

- 伊東道生「十九世紀初頭におけるドイツ哲学導入からみたスピノザの「影」」
- 村松正隆「フランスの汎神論論争―クーザン著作と活動から」
- 杉山直樹「テーヌのスピノザ主義」
- 上野修「フランス社会主義におけるスピノザの不在」
- 九鬼一人「真理の宛先―実体・内在・相関」（リッカートのスピノザ論）

〈Atsuko Fukuoka, *The Sovereign and the Prophets: Spinoza on Grotian and Hobbesian Biblical Argumentation*（Brill's Studies in Itellectual History）合評会〉

- 木島泰三「オランダ政治思想史の中のホッブズ主義と『神学政治論』」
- 笠松和也「ホッブズかスピノザか？―― A. Fukuoka, *The Sovereign and the Prophets* を誤読する――」

III. ワークショップ

第29回総会ワークショップ
「『ヘブライ語文法綱要』をめぐって」2019年3月16日／東京大学本郷キャンパス
- 秋田慧「内と外から『ヘブライ語文法綱要』を探る」

第30回総会ワークショップ
「フランスから出た『エチカ』批判版について」2020年12月19日／オンライン
- 上野修「テクスト校訂について」
- 鈴木泉「エピメテ版『エチカ』の三つの附録について」

上野修・杉山直樹・村松正隆編『スピノザと十九世紀フランス』（岩波書店 2021）合評会
（「二つのスピノザ・ルネッサンスの狭間――十九世紀フランス哲学におけるスピノザの影」との共催）2021年03月23日／オンライン
- 加藤泰史「評者によるコメント1」
- 杉本隆司「評者によるコメント2」
- 鈴木泉「評者によるコメント3」
- 執筆者：伊東道生・村松正隆・杉山直樹・上野修・山崎敦・村瀬鋼・米虫正巳・中村大介・近藤和敬・佐藤紀子「評を受けて」

第31回総会ワークショップ
「日本におけるスピノザ受容をめぐるワークショップ」2021年6月19日／オンライン
- 鈴木泉「戦前の日本におけるスピノザ受容のメインストリーム ――波多野精一から出隆まで――」
- 笠松和也「忘れられた翻訳者――斎藤晌の仕事をめぐって」

追　悼

　2020年1月、当協会代表も務められた齋藤博先生が逝去されました。享
年89歳でした。

　博士論文でもあったご著作『スピノチスムスの研究』(創文社、1974年)
と、故工藤喜作先生との共訳『エティカ』(中央公論社「世界の名著」、現「中
公クラシックス」版)は日本のスピノザ研究、スピノザ受容の里程標です。

　『スピノチスムスの研究』にもすでに見られるように、先生のご関心は
時間的にも空間的にもスケールの大きなものでした。それが結実したのが
『文明への問』(東海大学出版会、1979年)や『〈文明〉」を営む人間』(同、1991
年)といった文明学関係のご著書です。また、非常にヴィヴィッドな問題
を原理的に考えてこられた先生の姿勢は、訳書『報復の連鎖』(シェップ著、
岩脇リーベル豊美氏との共訳、学樹書院、2016年)に見られます。しかし、そ
れでスピノザへの関心を失われたわけではなく、最後まで『神学政治論』
新訳に意欲的に取り組まれていました。

　気さくなお人柄、屈託のない、しかしちょっと悪戯っぽい先生の笑顔が
思い出されます。ご冥福をお祈りいたします(平尾昌宏記)。

編 集 後 記

　すでにして編集後記の「恒例」となってしまって
いますが、またまた刊行の遅れについてお詫びしな
ければなりません。ただ、今回これほど遅れること
になったのは、言うまでもありません、現在も進行
中のコロナ禍のせいです。当協会の運営委員、年報編集委員も大学におけるコ
ロナ対応のために、身動きとれなくなっていました。申し訳ありません。また、
会員のみなさんの中にも、罹患された方、また現在苦境に立たれている方がい
らっしゃるかもしれません。お見舞い申し上げます。

　「しかし、それにしても今どき疫病とは！」と思ったりします。思えば、ス
ピノザの時代、17世紀は、文字通り疫病の時代でもありました。1660年代の
ペスト禍では、スピノザの友人バリングが子どもを亡くし（書簡一七）、やがて
バリングも世を去ります。1664年末からスピノザ自身も、郊外にあったデ・
フリースの妹夫妻宅に疎開していました（書簡一九）。オランダだけではありま
せん。『ロビンソン・クルーソー』で知られるダニエル・デフォーの『ペス
ト』は、この疫病時代のイギリスの記録です。同じイギリスでは、ニュートン
もケンブリッジから田舎へと疎開しました。その間の閑暇が、万有引力の発見
を含む偉大な業績を生むことになったのはご存知の通り。1665年から67年に
掛けての、いわゆる「驚異の年」です。

　ニュートンが疎開し、時間を得られたのは、大学が閉鎖され、雑務から解放
されたためです。一方、現代の我々は実質的には大学を閉じ、しかし、授業は
成立させるという方針を取りました。その結果、閑暇が得られるどころか、得
られたはずの寸刻すら奪われることになってしまいました。もっとも、我々に
閑暇が得られたところで、驚異の年を生み出せた保証はないわけですが……。

　しかし、そんな中でも、こうして何とか刊行に漕ぎ着けることができました。
執筆者の先生方を始め、会員のみなさん（お待ち下るばかりではなく、事務局宛に
励ましのメールをくださった方もあります）、いつもながら吉田さんを始めとする
学樹書院の方々に、お礼申し上げます（平尾記）。

○ 当誌は会員に配布することが原則ですが、書店でも書籍扱いで注文できます（発売：学樹書院）。継続購読をご希望の場合は、下記メールアドレスまたは発行所まで照会してください。

スピノザ協会事務局：spinoza.japan45@gmail.com

○ 送付先に変更・訂正が必要な場合、発行所まで連絡してください。

○ 投稿については、巻末「スピノザ協会について」をお読みください。なお、投稿は随時受け付けています。

○ 当協会では、スピノザに関する情報や催しについて、下記ウェブサイトで案内しています。

http://www1.odn.ne.jp/gakuju/kyokai/spinoza.html

スピノザーナ ――スピノザ協会年報―― 第17号（2019–2020）

2021年9月30日発行

発行所　スピノザ協会（代表・上野修）
〒113-0033　東京都文京区本郷7-3-1
東京大学文学部哲学研究室
郵便振替：00180-7-411409「スピノザ協会」

発売元　株式会社学樹書院
〒151-0071　東京都渋谷区本町1-4-3
https://www.gakuju.com/
☎03-5333-3473　FAX: 03-3375-2356

印刷所　有限会社サンプロセス

ISSN 1345–160X©Spinoza Kyôkai 2021/ISBN 978–4–906502–86–8